Karin Jundt

Die weise Führung der Seelenstimme

nada

Reihe Wegweiser

Bibliografische Information der Deutschen Nationalbibliothek:
Die Deutsche Nationalbibliothek verzeichnet diese Publikation in der Deutschen Nationalbibliografie; detaillierte bibliografische Daten sind im Internet über http://dnb.dnb.de abrufbar.

Verlag: nada Verlag Karin Jundt, 8712 Stäfa, Schweiz
E-Mail: info@nada-verlag.ch
Druck: Libri Plureos GmbH, Friedensallee 273, 22763 Hamburg, Deutschland

E-Mail: info@bod.de

2. überarbeitete Auflage 2024 (1. Auflage 2024)

ISBN 978-3-907091-18-0

Gewidmet allen,
die sich selbst vertrauen
und auf ihre Seelenstimme hören

Inhaltsverzeichnis

Der intuitive Geist ist ein heiliges Geschenk und der rationale Geist ist ein treuer Diener. Wir haben eine Gesellschaft geschaffen, die den Diener ehrt und das Geschenk vergessen hat.

Albert Einstein

Einleitung

Der älteste Bericht über die Stimme der Seele, der mir je begegnet ist, stammt aus dem frühen 4. Jahrhundert vor Christus. Er findet sich in der «Apologie des Sokrates» von Platon. Der griechische Philosoph Sokrates war angeklagt, auf die Jugend einen verderblichen Einfluss zu haben und die Götter zu missachten. Obwohl ihm die Todesstrafe drohte, wollte er sich vor Gericht nicht verteidigen und begründete es damit, dass die Seelenstimme, der er bedingungslos vertraute, sich nicht meldete, um ihn von seiner Entscheidung abzubringen. Ich gebe einen Auszug aus seiner Rede mit eigenen Worten in zeitgemäßer Sprache wieder:

«Seit meiner Kindheit mache ich die Erfahrung, dass eine Stimme sich hören lässt, wenn sie mir von etwas abraten will; zugeredet hat sie mir noch nie. Das passierte mir sehr häufig, wenn ich im Begriff war, etwas unrichtig zu tun, sogar bei unbedeutenden Kleinigkeiten. Doch jetzt, da es um mein Todesurteil geht, meldet sie sich nicht. Weder als ich heute Morgen aus dem Haus ging, noch beim Betreten des Gerichts hat mich dieses Zeichen Gottes daran hindern wollen. Und diese Stimme hat auch geschwiegen zu allem, was ich bisher in dieser Verhandlung gesagt habe, obwohl sie mich sonst manchmal mitten in einer Rede innehalten ließ. Das kann nur bedeuten, dass was auf mich zukommt, etwas Gutes ist, obwohl die meisten im Tod ein Übel sehen. Unmöglich hätte mich diese Stimme so gewähren lassen, wäre ich nicht im Begriff, das Richtige zu tun.»

Sokrates vertraute seiner Seelenstimme und nahm das Todesurteil widerspruchslos an.

Anders als der große Philosoph darf ich von mir nicht behaupten, die Stimme meiner Seele melde sich seit meiner Kindheit unaufgefordert. Doch, ganz bestimmt hat sie es getan, bloß habe ich sie früher entweder nicht gehört oder nicht als unfehlbaren Ratgeber erkannt. Tatsächlich ist in allen Menschen ein «sechster Sinn», der durch das ganze Leben zu leiten vermag, in jedem Augenblick, und er funktioniert nicht bei den einen besser als bei anderen, wie es für die körperlichen Sinne, etwa das Sehen, zutrifft.

Meinen wir, diese Stimme der Wahrheit nicht zu hören, so liegt es daran, dass sie sich in der Regel nur leise, nicht klar und deutlich äußert, nicht mittels Worten und der uns vertrauten Sprache, sondern mit Empfindungen, unbestimmten Wahrnehmungen, inneren Zeichen. Zudem ist es nicht leicht, ihr bedingungslos zu vertrauen, denn nur allzu gern mischt sich der Verstand ein, lässt Zweifel aufkommen und fordert uns auf, ausschließlich auf ihn zu bauen: Die Ratio zeichne doch den Menschen aus, nicht Instinkte und Intuitionen und dubiose Stimmen!

Das erste Kapitel habe ich den anderen Stimmen in uns gewidmet, größtenteils aus wissenschaftlicher Sicht, denn auch diese zu kennen ist unerlässlich, um die Seelenstimme von ihnen unterscheiden zu können. Was Sie aber hauptsächlich von diesem Buch erwarten dürfen: Anhand praktischer Anleitungen und Übungen lernen Sie, wie in einem Kurs, Ihre Seelenstimme wahrzunehmen, sie zu verstehen und ihr zu vertrauen. Dabei gehe ich speziell auf folgende Fragen ein:

- Worin besteht die Führung der Seele?
- Auf welche Weise spricht die Seelenstimme mit uns?
- Wie unterscheiden wir zwischen der Seelenstimme und den anderen Stimmen?
- Wie können wir der Seelenstimme folgend leben und sie in Entscheidungssituationen direkt befragen?

Vor nunmehr über drei Jahrzehnten lernte ich, von einem Therapeuten angeleitet, die Stimme meiner Seele kennen. Seither vertraue ich ihr bedingungslos. Sie hat mich noch nie getäuscht; in Schwierigkeiten bin ich immer nur dann geraten, wenn ich mich von meinem Ego getrieben über sie hinweggesetzt habe. Ich könnte viele Geschichten darüber erzählen, beschränke mich hier aber auf eine.

Einige Wochen nach dem Tod meines Lebenspartners wachte ich eines Morgens auf und wusste: Ich will Fallschirm springen. Es war eine Eingebung aus dem Nichts, treffender: aus meiner Seele, die mich auf einen bestimmten Weg führen wollte – davon ahnte ich damals allerdings noch nichts – und zwar, ein witziges Paradox, unter anderem auf den Weg, meine Seelenstimme zu entdecken und ihr zu vertrauen! Bis zu jenem Zeitpunkt hatte ich mich nie damit beschäftigt oder überhaupt darüber nachgedacht. Jedenfalls muss diese Intuition so machtvoll und überzeugend gewesen sein, dass ich ohne zu zögern die Ausbildung zur Fallschirmspringerin in Angriff nahm. Dabei lernte ich schließlich nach einigen Monaten intensiver Erfahrungen mit mir selbst, gewissermaßen einer Vorbereitungszeit, den Therapeuten kennen, der mein Leben tief und nachhaltig veränderte und mich lehrte, auf die Stimme meiner Seele zu hören.

Mit diesem Buch, wie schon zuvor in vielen Kursen, will ich Sie, liebe →Leser*innen, dabei unterstützen, die Seelenstimme besser wahrzunehmen, und Sie ermutigen, ihrer unfehlbaren Führung zu folgen.

→ Das ist die einzige Stelle, an der ich das Gender-Sternchen setze. Ansonsten beschränke ich mich um der leichteren Lesbarkeit willen auf die männliche Form – über solchen Äußerlichkeiten stehen wir (Frauen) doch.

Karin Jundt

I. Kopf, Bauch, Herz und mehr

«Ich habe aus dem Bauch entschieden», «Ich musste auf mein Herz hören», «Mein Verstand sagt mir, dass ich es tun soll», «Da hatte ich plötzlich eine Eingebung»: Solche Aussagen sind den meisten Menschen nicht fremd. Und wir haben sicher alle schon erfahren, dass «etwas» in uns sich plötzlich gemeldet hat, um uns zu warnen, ein ungutes Gefühl, das uns bevorstehende Schwierigkeiten prophezeit hat. Oder ein gutes Gefühl, eine innere Gewissheit, dass alles richtig ist und es klappen wird. Woher kommen diese Empfindungen? Selten schreiben wir sie dem Verstand zu, eher dem Bauch, dem Unbewussten, der Seele oder einer Inspiration von außen, von einer universellen Quelle, einem Engel, höheren Mächten, dem Göttlichen, wie wir diese Instanzen auch nennen.

Im alltäglichen Sprachgebrauch vermischen sich die Ebenen der intuitiven Wahrnehmung zuweilen: Was für den einen der Bauch ist, versteht ein anderer als Herz, manchmal verwenden wir Begriffe wie *das Unbewusste* oder *die Seele*. Nur beim Kopf scheint man sich einig zu sein. In diesem Kapitel will ich etwas Licht in die einzelnen Ebenen bringen, damit Sie diese besser voneinander zu unterscheiden lernen und entscheiden können, ob und welchen inneren oder äußeren Stimmen Sie vertrauen wollen.

1. Gehirn und Verstand

Es gibt Menschen, die sich für die Gestaltung ihres Lebens nur auf den Verstand verlassen, auf Wissen und Wissenschaft, und sich allem Irrationalen, wie Intuitionen und unbestimmten inneren Stimmen, verweigern.

Das Gehirn ist tatsächlich ein fantastisches Organ, das uns wertvolle Dienste leistet. Es weist aber nicht nur Stärken, sondern auch Schwächen auf; diese müssen wir kennen, wollen wir korrekt einschätzen, wann wir auf den Verstand bauen können und wann wir besser andere Ressourcen hinzuziehen. Beide Aspekte, sowohl die Fähigkeiten als auch die Grenzen des Gehirns und des Verstands, erläutere ich nachfolgend.

→ Auszug aus Duden-Online unter duden.de Stand: Februar 2024

Beginnen wir mit einem Blick auf die →Duden-Einträge zu *Verstand* und *Intellekt*, die uns auf einen Blick zeigen, wozu unser Denkapparat fähig ist:

Verstand	**Intellekt**
Bedeutung Fähigkeit zu verstehen, Begriffe zu bilden, Schlüsse zu ziehen, zu urteilen, zu denken. *Synonyme* Auffassungsgabe, Begriffsvermögen, Denkfähigkeit, Denkvermögen, Erkenntnisvermögen, Geist, Geistesgaben, Geisteskraft, Geistesstärke, Gescheitheit, Intellekt, Intelligenz, Klugheit, Scharfsinn, Urteilsfähigkeit, Urteilskraft, Vernunft, Verstandeskraft. Bildungssprachlich: Esprit, Ratio, Kognition. Psychologie, Pädagogik: Kognition.	*Bedeutung* Fähigkeit, Vermögen, unter Einsatz des Denkens Erkenntnisse, Einsichten zu gewinnen; Denk-, Erkenntnisvermögen; Verstand. *Synonyme* Denkfähigkeit, Denkvermögen, Erkenntnisvermögen, Gedankenkraft, Geist, Geistesgaben, Geisteskraft, Geistesstärke, Intelligenz, Klugheit, Vernunft, Verstand. Bildungssprachlich: Ratio.

Das Gehirn ist aber für weit mehr zuständig als bloß für intellektuelle Aufgaben. So liegt etwa der viel gepriesenen Empathie, die wir eher mit dem Gefühl, also mit dem Herzen, in Verbindung bringen, ebenfalls die Gehirnfunktion zugrunde: Sie lässt uns, ohne dass wir bewusst darüber nachdenken müssten, am Gesichtsausdruck, an der Körperhaltung oder der Gestik erkennen, was ein Mitmensch empfindet, Wut, Traurigkeit, Angst, Freude, Ekel, Abneigung, … Dadurch können wir uns in seine Lage versetzen – was uns erst ermöglicht, mit ihm zu fühlen.

Allgemeiner ausgedrückt: Wir verdanken es dem Gehirn, wenn wir mit unserem Umfeld zurechtkommen und eine gute Menschenkenntnis besitzen. Es ist nämlich dafür verantwortlich, soziale Situationen einzuordnen und Überzeugungen, Gemütszustände und Handlungsabsichten anderer Menschen zu erkennen und daraus Schlüsse zu ziehen, sodass wir das eigene Verhalten und Handeln adäquat planen und entsprechend anpassen können. Einer meiner Psychologieprofessoren sagte in diesem Zusammenhang: «Das Gehirn ist ein Beziehungsorgan.»

Dennoch ist das Gehirn wegen seiner relativ langsamen Arbeitsweise nur bedingt geeignet, uns im Alltag zu führen. Es wird nämlich davon ausgegangen, dass wir täglich rund 20 000 Entscheidungen treffen. Dabei handelt es sich um Routine-Entscheidungen, die wir gar nicht als solche empfinden, etwa ob wir morgens rechtzeitig aufstehen oder liegen bleiben, beim Duschen das eine oder das andere Gel verwenden, auf einen Zug rennen oder auf den nächsten warten und zu spät kommen, am Arbeitsplatz zuerst einen Telefonanruf erledigen oder E-Mails lesen, im Restaurant etwas Gesundes bestellen oder das, worauf wir gerade Lust haben, wenn wir trotz der Diät nach den Keksen greifen, das Geschirr sofort oder erst später spülen, spontan mit einer Freundin abmachen und dafür das Training schwänzen und mehr. All diese Blitz-Entscheidungen fällt «etwas» in uns fortwährend, glücklicherweise ohne tiefes willentliches Nachdenken, denn müssten wir die Lage jedes Mal analysieren und evaluieren, kämen wir natürlich nirgendwohin. Dazu gehören auch die Situationen, in denen wir schnell ohne langes Nachdenken reagieren müssen, etwa die folgenden:

Entscheidungssituation	**Denkprozess**
Ich begegne auf der Straße unerwartet einem Bekannten, mit dem ich Streit hatte. Wie begrüße ich ihn: herzlich, als wäre nichts gewesen, oder distanziert?	Zeige ich mich versöhnlich, hält mich der andere für schwach und nutzt es aus? Ignoriere ich ihn, macht er mich dann bei gemeinsamen Freunden schlecht?
Jemand bittet mich um einen Gefallen. Sage ich gewohnheitsmäßig sofort Ja oder bringe ich eine Ausrede vor?	Ich habe keine Lust. Aber tue ich ihm diesen Gefallen nicht, lässt er mich das nächste Mal hängen, wenn ich ihn brauche?
Ein Mann flirtet mit mir und spricht mich an: Lasse ich mich auf ihn ein oder weise ich ihn ab?	Attraktiver Mann, aber sucht er einen One-Night-Stand oder etwas Festes? Was will *ich*?

Natürlich gehen uns in solchen Situationen kurz ein paar Gedanken durch den Kopf, bevor wir handeln, aber wir haben keine Zeit, meistens nicht einmal ein paar Minuten, geschweige denn Stunden, um verschiedene Szenarien und Konsequenzen mental durchzuspielen, zu analysieren und einen verstandesbasierten Entschluss zu fällen. Es muss auch bei diesen Entscheidungen folglich eine andere Instanz in uns sein, die jeweils blitzschnell entscheidet, wie wir uns verhalten wollen. Teilweise übernimmt der Bauch diese Aufgabe, wie ich in Abschnitt 2 im Zusammenhang mit dem emotionalen Erfahrungsgedächtnis detaillierter erläutern werde. Erweist sich eine Begebenheit allerdings als wichtig genug und/oder hat sie (schmerzhafte) Konsequenzen, nehmen wir uns meistens im Nachhinein die Zeit zu überlegen, was wir hätten anders machen können.

Generell sind dem Gehirn auf dem Gebiet der Entscheidungsfindung Grenzen gesetzt. Seine Kapazität, Informationen *zu speichern,* ist zwar gewaltig und wir nutzen sie bei Weitem nicht aus. Die Fähigkeit, diese Informationen *abzurufen* und innerhalb kurzer Zeit *zu verarbeiten* ist hingegen begrenzt. Unser Gehirn ist beim bewussten Denken nicht so leistungsfähig wie ein Computer: Es verwertet, analysiert, gewichtet oder verwirft vorhandene Informationen schrittweise nacheinander, zieht falls nötig weitere Informationen hinzu, analysiert nochmals, stellt Thesen und Antithesen auf… Ein zeitaufwendiger Prozess, bis wir schließlich zu einem Ergebnis, einer Entscheidung gelangen.

Ganz anders ein Computer, der ja manchmal mit dem Gehirn verglichen wird. Er führt in Windeseile «hinter den Kulissen» Millionen von Arbeitsschritten durch. Verändern wir beispielsweise mit einem Mausklick die Schärfe eines Fotos, so sehen wir binnen Sekunden auf dem Bildschirm das Resultat, das allerdings nur so schnell erzielt wird, weil der Computer in der Lage ist, während dieser Sekunden im Hintergrund mit einer riesigen Datenmenge umzugehen.

Das Gehirn arbeitet im Hintergrund ebenfalls recht effizient, braucht dafür aber wesentlich mehr Zeit. Nachdenken sollten wir deshalb nur bei einfacheren Entscheidungen, bei denen das Gehirn eine überschaubare Menge an Informationen verarbeiten muss und daher relativ schnell und zuverlässig zu einem Ergebnis kommen kann. Bei der Lösungssuche für komplexere Probleme ist es hingegen angezeigt, wie der Volksmund schon sagt, eine Nacht darüber zu schlafen. Das will heißen: Wir nehmen die verfügbaren Informationen auf und «vergessen» dann die Sache, geben dem Gehirn also die Gelegenheit, im Hintergrund damit zu arbeiten. So kann es aus den einzelnen Wissensbrocken ein verknüpftes Wissen bauen und eine geeignetere, klügere, sinnvollere Lösung hervorbringen. Zuweilen meinen wir nach einer Weile, einen Geistesblitz zu haben, der in Wirklichkeit aber nichts anderes ist als das Resultat einer langen, von uns nicht wahrgenommenen Beschäftigung des Gehirns mit einem Problem. Dieses Phänomen kennen wir ebenfalls in einem anderen Zusammenhang: Ein Name fällt uns partout nicht ein, erfolglos zermartern wir uns das Hirn. Dann lassen wir es bleiben und später, Minuten, Stunden oder Tage danach, taucht der gesuchte Name wie aus dem Nichts im Kopf auf.

Eine weitere wertvolle Eigenschaft des Gehirns ist seine Plastizität, also seine Fähigkeit, sich aufgrund innerer und äußerer Wahrnehmungen zu verändern und anzupassen. Lange glaubte man, die Nervenzellen (Neuronen) des Gehirns seien bereits bei der Geburt vollständig angelegt und es würden keine neuen entstehen; in jüngerer Zeit hat man hingegen herausgefunden, dass die Neuronen bis ins hohe Alter nachwachsen können. Tatsache ist allerdings: Krankheiten oder eine ungesunde Lebensführung, beispielsweise übermäßiger Alkoholkonsum, zerstören sie.

Die Anzahl Nervenzellen ist jedoch nicht entscheidend für die Anpassungsfähigkeit des Gehirns. Denn was die «geistige Beweglichkeit» ausmacht, sind die Verknüpfungen zwischen den Neuronen, die Synapsen. Besonders wichtig ist das während der kindlichen Entwicklung: Je nachdem, welche Erfahrungen das Kind macht – machen darf –, welche Aufgaben es bewältigen muss – darf –, welchen Reizen es ausgesetzt ist, bilden sich Synapsen, formt sich sein Gehirn. Vernachlässigung, mangelnde Förderung, Gewalterlebnisse beeinflussen die Plastizität des Gehirns negativ, während körperliche und mentale Aktivität, Bindung und Fürsorge positiv wirken. Das ist bei Erwachsenen nicht anders, auch bei uns verändert sich die Hirnstruktur laufend durch die Bildung oder die Stilllegung von Synapsen. Wie beim Kind erfolgt dies im Verhältnis zum Bedarf und zur Nutzung. Das bedeutet, einfach ausgedrückt: Je mehr wir das Gehirn fordern und fördern, desto mehr entwickelt es sich und passt sich flexibel neuen Gegebenheiten an. Und zwar solange wir leben. Dies geschieht nicht nur durch mentale Aktivität, sondern, wie man neuerdings weiß, auch durch körperliche Herausforderungen, etwa indem wir Gleichgewichtsübungen machen, das Jonglieren oder ein Instrument spielen lernen und generell physisch aktiv sind. Dazu eine weitere Aussage meines Psychologieprofessors: «Das Gehirn wartet nur darauf, stimuliert zu werden, sonst verkümmert es.» Oder wie es die Neurowissenschaft kurz und bündig formuliert: «Use it or lose it» (benutze es, sonst geht es verloren.)

Unsere Umwelt wandelt sich laufend, in der gegenwärtigen Zeit sogar sehr schnell, und damit mehren sich die Veränderungen, die auf uns zukommen und die wir im Alltag meistern müssen. Umso wichtiger wird die Plastizität des Gehirns. Sorgen wir dafür, dass seine Anpassungsfähigkeit erhalten bleibt, und nutzen wir es in den Bereichen seiner Stärken: Informationen aufnehmen, lernen, speichern, verknüpfen, analysieren.

Die bedeutendste Einschränkung des Verstands besteht wohl darin, dass er zwar durch das Denken Neues erfinden und hervorbringen kann – eine unschätzbare Leistung! –, allerdings immer nur auf der Basis derjenigen Kenntnisse, die zuvor durch Lernen und Erfahrungen im Gehirn gespeichert wurden, und des zum jeweiligen Zeitpunkt weltweit zugänglichen und nutzbaren Wissens. So wäre es im Altertum nicht einmal dem klügsten Kopf möglich gewesen, den Computer zu erfinden, weil die Vorkenntnisse der Informatik schlicht fehlten und die Physik auf irrigen Grundlagen beruhte, die damals jedoch als korrekt galten.

→ William Shakespeare: Hamlet; 1. Akt, 5. Szene: «There are more things in heaven and earth, Horatio, than are dreamt of in your philosophy.»

Die Wissenschaften haben zwar seit der Antike gewaltige Fortschritte gemacht, insbesondere in den letzten Jahrzehnten rasend schnell. Aber wie →Shakespeare es seinem Hamlet treffend in den Mund legte: «Es gibt mehr Dinge im

Himmel und auf Erden, Horatio, als sich deine Schulweisheit erträumt.» Der englische Begriff *philosophy* wird meistens nicht mit *Philosophie*, sondern mit *Schulweisheit* übersetzt, was nicht abwertend zu verstehen ist; es beruht vielmehr darauf, dass der angesprochene Horatio, ebenso wie Hamlet, an der Universität zu Wittenberg studierte und die dort gelehrte *Philosophie* aus der in jener Zeit üblichen Verbindung der Fächer Logik, Ethik und Naturwissenschaften bestand. Mit dem berühmten Satz will Hamlet dem Freund schlicht sagen: «Die menschlichen Kenntnisse sind begrenzt, es gibt vieles, was wir nicht wissen.»

Eine Tatsache die für jedes Zeitalter zutrifft, auch für das unsrige, wir sind nicht am Zenit der Weisheit angelangt! In jeder Epoche galt der jeweilige Stand der Wissenschaft als «Wahrheit», doch dieser Stand wurde in späteren Epochen durch neue Erkenntnisse, Entdeckungen und Erfindungen erweitert, ergänzt oder gar widerlegt und eine «neue Wahrheit» wurde zur allgemein anerkannten. Blicken wir doch nur auf einige wenige Entwicklungen in der Geschichte der Wissenschaften zurück:

- Einst war man davon überzeugt, die Erde sei eine Scheibe; später erkannte man zwar, dass sie eine Kugel ist, doch meinte man, sie sei der Mittelpunkt des Universums und Sterne und Planeten kreisten um sie.
- Seit der Antike bis weit ins Mittelalter hielt man die vier Elemente Luft, Wasser, Feuer und Erde für die Bausteine der Welt. Heute umfasst die Liste 118 Elemente, wobei sie nach und nach entdeckt und in den letzten Jahrzehnten sogar künstlich erzeugt wurden.
- Einsteins Relativitätstheorie und die Quantenmechanik revolutionierten die klassische Physik; allerdings ist es bis heute nicht gelungen, die beiden einander teils widersprechenden Systeme zu einer einheitlichen Theorie zusammenzufügen.
- Die Ansichten zu den Funktionen im menschlichen Körper und zu den Krankheiten wurden seit der Antike immer wieder revidiert. Interessanterweise auch «rückwärts», in dem Sinn, dass alte Praktiken wie schamanisches Heilen oder Handauflegen, die noch vor wenigen Jahrzehnten von der Schulmedizin als kompletten Humbug abgetan wurden,

heute rehabilitiert sind, nachdem unzählige Studien die Effizienz von Placebos bewiesen haben – des Wirkmechanismus, der auch solchen Praktiken zugrunde liegt. Placebos (lateinisch *placebo* = ich werde gefallen) sind Scheinmedikamente ohne Wirkstoff, die jedoch die gleiche Wirkung wie das echte Medikament beim Patienten hervorrufen, sei es durch dessen Erwartungshaltung, Vertrauen in den Arzt oder ähnliche Effekte. Erinnern wir uns doch nur an die Kindheit, als die Mutter auf unsere Wehwehchen pustete oder ein Heillied sang: Wir hörten auf zu weinen und unser Schmerz verschwand. Analog gibt es auch einen Nocebo-Effekt (lateinisch *nocebo* = ich werde schaden): Der Patient spürt bei einem Scheinmedikament ohne Wirkstoff exakt die Nebenwirkungen, die laut dem Beipackzettel auftreten können, vorausgesetzt, er hat ihn gelesen oder er wurde vom Arzt darüber informiert.

- Zu guter Letzt muss uns ein Beispiel aus der jüngsten Vergangenheit zu denken geben. Ende 2019 manifestierte sich ein neues Virus, SARS-CoV-2, umgangssprachlich als Coronavirus bezeichnet, das die Krankheit Covid-19 verursacht. Die Kenntnisse über das Virus und die Krankheit wuchsen schon nur in den ersten zwölf Monaten der Pandemie exponentiell! Manches, was die Virologen und andere Wissenschaftler im Januar 2020 darüber zu wissen glaubten, war wenige Monate später überholt, und beinahe täglich kamen neue Erkenntnisse hinzu. Und auch Jahre danach fehlen über einige Aspekte gesicherte Fakten, beispielsweise was Long-Covid betrifft.

Durch Denken kann also selbst beim besten rationalen und logischen Vorgehen nicht die absolute, letzte Wahrheit entstehen, sondern immer nur Teilwissen, wenn nicht Irrtum. Irrtum auch deshalb, weil wir Informationen selektiv aufnehmen. Das bedeutet, dass wir nur das wahrnehmen, was wir *wahrnehmen wollen, sollen, können*; andere Informationen werden übersehen, nicht mutwillig, vielmehr weil uns sozusagen der Blick dafür fehlt. Zur selektiven Wahrnehmung gibt es online einen lustigen Test der Psychologen Simons und Chabris; Sie finden ihn als YouTube-Video, wenn Sie bei Google die folgenden Stichwörter eingeben:

selektive Wahrnehmung Simons. Machen Sie diesen Test einmal, Sie werden staunen und danach restlos von Ihrer unvollkommenen Wahrnehmungsfähigkeit überzeugt sein!

Aber nicht genug damit, dass wir Informationen selektiv aufnehmen, wir beurteilen und gewichten sie dann auch noch selektiv, treffender gesagt *subjektiv*, nämlich je nach dem eigenen Wissensstand, den früher gemachten persönlichen Erfahrungen und dem individuellen Unbewussten, und speichern sie dementsprechend. Subjektiv erfolgt demnach auch unser Denken, sodass nicht die objektive Wahrheit daraus entsteht. Wie →Jiddu Krishnamurti sagte: «Die Speicherung von Erfahrungen als Erinnerung im Gehirn ist Wissen, und die Reaktion auf diese Erinnerung ist das Denken. [...] Das Denken ist stets trennend und fragmentarisch, und das Wissen nie vollkommen.»

→ J. Krishnamurti: Aus dem Schatten in den Frieden.

Besonders deutlich wird dieser Sachverhalt, denken wir an Zukünftiges, eine beliebte Beschäftigung von uns allen: Was mache ich bloß, wenn ich bei der Umstrukturierung der Firma die Stelle verliere? Welche Strategie wende ich beim nächsten Gespräch mit meiner Mutter an? Wo finde ich heute Abend in der Innenstadt einen Parkplatz? Soll ich beim kommenden Date mit meinem neuen Freund bereits beichten, dass ich keine Kinder bekommen kann? Beim Nachdenken über solche und ähnliche Fragen ziehen wir unser vorhandenes Wissen aus verschiedenen Bereichen und unsere praktische Lebenserfahrung zurate. Begrenztes Wissen und erinnerte Erfahrungen, das ist klar, besonders was Mitmenschen betrifft, selbst wenn wir meinen, sie gut zu kennen. Deshalb erleben wir auch immer wieder Überraschungen: Was wir uns so schön ausgedacht und zurechtgelegt hatten, erweist sich als nutzlos, da eine Situation erst gar nicht eintritt oder nicht wie erwartet, unser Gegenüber anders reagiert, als wir dachten, oder in uns selbst schließlich, wenn es so weit ist, andere Denkprozesse und Emotionen ablaufen, als wir vorweggenommen hatten.

Daher tun wir uns bei wichtigen Entscheidungen zuweilen schwer, fühlen uns unsicher und zögern, sie zu treffen. Wir wissen ja, dass wir trotz Analyse und Abwägen von Vor- und Nachteilen, von Chancen und Risiken, von Wahrscheinlichkeiten und Erfahrungswerten nie alles mit einbeziehen und berücksichtigen. Und vor allem wissen wir, dass wir keine Macht über die Zukunft und das Schicksal haben: Zu viel an Unbedachtem und Unerwartetem kann jederzeit eintreten und uns einen Strich durch unsere Pläne machen.

Daraus folgt: Was wir als Individuen oder als Menschheit in einem Zeitpunkt zu wissen glauben, ist nie die vollständige, endgültige, unumstößliche Wahrheit. Deshalb dürfen wir die Autorität des Verstandes durchaus infrage stellen, denn seine Meinungen, Schlussfolgerungen, Entscheidungen beruhen immer auf seinem jeweiligen unvollkommenen Wissensstand und einer subjektiven Beurteilung.

Die Quintessenz: Das Gehirn ist ein wertvolles Organ, das uns über das Denken hinaus existenzielle Dienste leistet, indem es maßgeblich für unser Sozialverhalten und unsere Anpassungsfähigkeit an neue Umstände verantwortlich ist und entscheidend zu unserer inneren Entwicklung beiträgt. Tragen wir ihm deshalb Sorge: Leben wir gesund und ermöglichen wir ihm die Beweglichkeit, indem wir es durch geistige und körperliche Aktivität beanspruchen.

Hingegen empfiehlt es sich, bei einer Problemlösung oder komplexen Entscheidungen nicht ausschließlich dem Kopf zu vertrauen, da sein Wissen begrenzt ist und er nie alles bedenken und berücksichtigen kann – und nichts über die Zukunft weiß. Grenzen sind ihm auch gesetzt, wenn es um die im gewöhnlichen Alltag zu fällenden schnellen oder Routine-Entscheidungen geht. Dabei muss uns wohl eine andere Stimme beraten. Könnte es der Bauch sein? Das werden wir gleich sehen.

2. Ist der Bauch der bessere Kopf?

Zuerst gehe ich auf einige Erkenntnisse der jüngeren wissenschaftlichen Forschung ein. Man spricht seit mehreren Jahren von der Darm-Hirn-Achse (Englisch: *gut-brain axis*) und es gibt viele Studien, die sich mit diesem Thema befassen. Der Verdauungstrakt wird auch liebevoll das «zweite Gehirn» genannt. Dieses enterische Nervensystem (ENS) ist in der Tat bemerkenswert:

- Es besitzt ungefähr 100 bis 200 Millionen Nervenzellen – mehr als das Rückenmark;

- es kann als einziges Organ eigenständig wirken, braucht keine Steuerung aus dem Gehirn: Entfernt man den Darm aus dem Körper, arbeitet er einige Tage bis Wochen lang weiter;
- evolutionsgeschichtlich ist das zweite Gehirn älter als das eigentliche: Bereits primitive vielzellige Organismen ohne Gehirn verfügen über einen Verdauungstrakt mit einem autonomen ENS; komplexere mit Nerven ausgestattete Sinnessysteme, wie der Geruchs- oder der Sehsinn, entwickelten sich erst später;
- es bildet ferner wichtige →Neurotransmitter: Über 90 % des Serotonins, auch als Glückshormon bekannt, werden im Darm hergestellt und nicht etwa im Hirn;
- und eine letzte bemerkenswerte Zahl zum Verdauungstrakt: Die Darmflora besteht aus bis zu 100 Billionen Bakterien (das ist eine Eins mit 14 Nullen!) – etwa gleich viele Zellen hat der ganze menschliche Körper.

→ Neurotransmitter sind Botenstoffe, die dazu dienen, Reize zwischen Nervenzellen weiterzuleiten.

Das ENS steht über den Vagusnerv, gewissermaßen eine Signalautobahn, in steter Kommunikation mit dem Gehirn. Dabei fließen die meisten Informationen, rund neun Zehntel, vom Darm zum Gehirn und nicht etwa umgekehrt, wie man annehmen könnte. Die Forschung zu diesen Kommunikationsmechanismen steht noch am Anfang, aber Wissenschaftler gehen davon aus, dass der Darm unsere Stimmungen und unser Verhalten stärker beeinflusst, als uns bisher bekannt und bewusst war. Bei Erkrankungen wie Depression, Alzheimer, Parkinson, Autismus und Multipler Sklerose wird ein Zusammenhang mit dem Verdauungstrakt vermutet; allerdings ist nicht geklärt, ob der Darm der Auslöser ist oder ob umgekehrt die gestörte Darmflora als eine Folge der Krankheit auftritt.

Jedenfalls spielt das →Mikrobiom des Darms eine wichtige Rolle, wie Studien beweisen. Ein Experiment zeigte beispielsweise, wie gesunde Mäuse, die nicht depressiv waren und denen man Darmbakterien von depressiven Menschen einpflanzte, Depressionssymptome entwickelten.

→ Als Mikrobiom oder Mikrobiota bezeichnet man die Gesamtheit der Mikroorganismen (Bakterien und Pilze), die sich in und auf der Schleimhaut und den Organen befinden.

Ein anderer Tierversuch belegte, dass die Darmflora die Persönlichkeit beeinflusst. In scheue, nervöse Mäuse wurden Darmbakterien von extrovertierten, draufgängerischen

Mäusen transplantiert; daraufhin bestanden die ursprünglich scheuen Mäuse die Mutproben, an denen sie vorher gescheitert waren.

→ Zaalberg A. et al.: Effects of nutritional supplements on aggression, rule-breaking, and psychopathology among young adult prisoners. (2010)

Forschung am Menschen ist in diesem Bereich problematisch, doch die in niederländischen Gefängnissen über mehrere Monate durchgeführte →Studie weist nach, dass solche Effekte auch beim Menschen auftreten. Eine kleinere Bakterienvielfalt im Darm kann zu aggressivem Verhalten führen; deshalb versorgte man über 200 Häftlinge zusätzlich zur normalen Kost mit Vitaminen, Omega-3-Fettsäuren und Mineralstoffen. Danach gingen strafbare Zwischenfälle um rund ein Drittel zurück. Zu ähnlichen Resultaten kam man auch in Gefängnissen anderer Länder. Es lohnt sich zweifellos, auf eine abwechslungsreiche Ernährung mit frischem Gemüse und Obst zu achten, um die Darmflora – und damit eine ausgeglichene Gemütslage – zu unterstützen.

Die meisten Menschen denken bei «Bauchgefühl» allerdings nicht an ihre Gemütslage, sondern verstehen darunter die Ergänzung und/oder den Gegenspieler zum «Kopf», also ein mehr oder weniger unbestimmtes Gefühl, das uns bei Entscheidungen und Taten warnt oder bestärkt. Reden Menschen davon, man müsse auf seinen Bauch hören oder aus dem Bauch entscheiden, wollen sie damit sagen, man soll die Empfindungen oder die Intuition einbeziehen und nicht nur den Verstand benutzen.

→ L. Nummenmaa et al.: Bodily maps of emotions (PNA Januar 14, 2014)

Der Begriff Bauchgefühl kommt möglicherweise daher, dass wir viele Emotionen im Bauchraum empfinden. Davon zeugen Redensarten wie «Flugzeuge im Bauch», «Schmetterlinge im Bauch» oder «Kribbeln im Bauch»; auch «liegt uns etwas auf dem Magen» oder «wir spüren ein flaues Gefühl im Magen». Ein →Experiment finnischer Forscher zur körperlichen Lokalisation von Gefühlen zeigte, dass sowohl bestimmte positive Gefühle, wie Liebe und Freude, als auch negative, wie Wut, Angst und Besorgnis, von den Versuchspersonen unter anderem im Bauchraum verspürt wurden (Liebe und Freude aber vor allem im Herzen).

In unserer von der Ratio geprägten Gesellschaft werden wir dazu erzogen, den Verstand einzusetzen: zu denken, bevor wir reden; Alternativen zu prüfen und die Folgen abzuwägen, bevor wir entscheiden; Kosten und Nutzen zu bewerten und einander gegenüberzustellen, bevor wir handeln. Lange betrachtete man alles Intuitive als untergeordnet; es wurde häufig der Frau zugeschrieben und galt als unmännlich. Dass aber Kaufentscheide selbst in Millionenhöhe auch von Männern vielfach intuitiv, aus dem «Bauch» gefällt und durch rationale Argumente lediglich begründet und legitimiert werden, haben wissenschaftliche Studien immer wieder gezeigt.

Es wäre in der Tat wünschenswert, dürften wir auf dieses Bauchgefühl hören, nachdem wir gesehen haben, dass der Verstand (allein) sowohl bei wichtigen Entscheidungen als auch in alltäglichen Lebenssituationen nicht in der Lage ist, uns zu leiten. Oft verwirrt er uns dabei mehr, als er hilft, selbst oder gerade dann, wenn wir die Zeit zum Überlegen haben, zumal die Gedanken gern kreisen oder irrational abschweifen. Das sogenannte Bauchgefühl empfinden die meisten Menschen hingegen als eindeutiger und zuweilen recht stark, was jedoch nicht bedeutet, dass sie sich darauf verlassen. Entscheidend dafür, ob wir ihm jederzeit vertrauen dürfen, ist die Frage: Woher kommt es? Teilweise ist sie durch meine Erklärungen zum «zweiten Gehirn» bereits beantwortet: Gewisse Bauchgefühle, vor allem im Zusammenhang mit Gemütslagen, stammen aus dem enterischen Nervensystem und werden möglicherweise durch die Zusammensetzung der Darmflora beeinflusst. Nicht gerade das, was wir uns als zuverlässigen Ratgeber wünschen …

Es gibt jedoch noch eine weitere Theorie, mit der die Psychologie die Intuition erklärt. Der Mensch verfügt über ein →*emotionales Erfahrungsgedächtnis*. Das sind Hirnstrukturen, die im Lauf der Evolution entstanden sind, weil sie für das Überleben nützlich waren. Darin werden unsere Erfahrungen in Form von Empfindungen, auch körperlichen, gespeichert. Kommen wir in eine Situation, die wir in gleicher, analoger oder entfernt ähnlicher Weise kennen – egal ob wir uns bewusst daran erinnern oder nicht –, so wird dieses Wissen blitzschnell abgerufen. Im Gehirn laufen dabei, von uns unbemerkt, mehrere «Filme» ab, in denen die aktuelle mit früheren Situationen verglichen und bewertet wird, nach der Formel: «Was früher gut ging, wieder tun. Was ein böses Ende nahm, unterlassen.» Das Ergebnis dieser Prü-

→ Die Bezeichnung *emotionales Erfahrungsgedächtnis* wurde vom Psychologen Gerhard Roth geprägt.

→ Diese Signale hat der amerikanische Hirnforscher Antonio R. Damasio «somatische Marker» genannt.

fung wird uns jedoch nicht mit einem Gedanken im Kopf kommuniziert, sondern mit einem →Signal in Form einer Emotion oder körperlichen Empfindung, die sich angenehm oder unangenehm anfühlt und uns dadurch sagt «Es ist alles in Ordnung» oder «Halt, da stimmt etwas nicht». Wie erwähnt, spüren wir es körperlich oft im Bauchraum; bei negativen Signalen kann es sich auch um Herzklopfen, weiche Knie, einen Kloß im Hals handeln, bei positiven um ein unwillkürliches Lächeln oder ein Entspannen der Stirn.

Das Bauchgefühl beruht also auf früheren Erfahrungen. Demnach funktioniert es einigermaßen zuverlässig nur in Situationen, die wir bereits in gleicher oder ähnlicher Art kennen. Mit der nicht unerheblichen Einschränkung, dass es in der aktuellen Situation vielleicht sinnvoller wäre, uns anders zu verhalten als in den zigmal davor, auf welche das Erfahrungsgedächtnis zurückgreift. Hundertprozentig können wir uns auf dieses System folglich nicht verlassen.

Sehen wir uns mit etwas völlig Neuem konfrontiert, versagt es sogar total, was sich auf verschiedene Arten äußern kann:

- Im besten Fall schweigt das Bauchgefühl; wir entscheiden uns dann auf andere Weise für ein Verhalten, meistens indem wir uns auf den Verstand stützen, vorausgesetzt wir haben genügend Zeit zum Nachdenken;
- im zweitbesten Fall warnt es uns, weil es sich bei einer unbekannten Situation auf das evolutiv bewährte Prinzip stützt: «Unbekanntes ist zuerst einmal immer gefährlich» – auch wenn an der aktuellen Situation nichts bedrohlich ist;
- im schlechtesten Fall greift es auf entfernte Analogien zurück, die für diese konkrete Lage jedoch nicht zutreffen, und schickt uns ein falsches Signal.

Schwierig wird es auf jeden Fall, sind sich Kopf und Bauch gar nicht einig, was recht häufig vorkommt, wie wir wissen. Der Verstand hat zwar gute Argumente, das sehen wir ein, aber das Gespür will etwas anderes. So hören wir einmal eher auf den Kopf, einmal eher auf den Bauch, einmal schließen wir einen Kompromiss. Mischt sich dann noch das Herz ein, wird es richtig kompliziert…

3. Das blinde Herz

Mindestens so oft wie den Ratschlag, wir sollen doch lieber aus dem Bauch entscheiden, bekommen wir denjenigen, auf die Stimme des Herzens zu hören. Das «Herz» steht allgemein für die Gefühlsebene und ist mehrheitlich positiv besetzt. Es gilt insbesondere als Ursprung oder zumindest als Sitz von Liebe, Güte, Leidenschaft, Fürsorge, Empathie, Altruismus und weiteren schönen Eigenschaften des zwischenmenschlichen Bereichs. Allerdings sind auch Eifersucht, Neid, Hass, Angst dem Herzen zugeordnet – denken wir etwa an das «kalte Herz» oder das «verzagte Herz».

Es stellt sich die Frage, ob das Herz uns zuverlässig durch das Leben leiten kann. Anders ausgedrückt: Ist es sinnvoll, *immer* und *nur* dem Herzen zu folgen? Das lässt sich von jedem aufgrund der eigenen Erfahrungen subjektiv sofort beantworten: nein. Denn wem ist Eifersucht oder Leidenschaft noch nie zum Verhängnis geworden? Wen hat Verliebtheit noch nie zu Fahrlässigkeit verleitet?

Schauen wir aber trotzdem noch ein bisschen genauer hin. In der Psychologie werden für das umgangssprachliche «Herz» verschiedene Begriffe verwendet wie Gefühl, Emotion, Stimmung, Affekt, wobei es keine einheitliche, überall gleich verwendete Definition gibt.

Meine Erläuterungen dieses Kapitels basieren auf der folgenden Unterscheidung:

- *Emotionen* sind kurzlebig, intensiv und auf eine erkennbare Ursache zurückzuführen. Beispiele dafür sind Freude oder Begeisterung bei einem schönen Erlebnis; Wut, wenn uns jemand ungerecht behandelt oder sich niederträchtig verhält; Angst vor einer Prüfung oder nachts in einer dunklen Straße. Die Emotion wird auch als Gemütserregung, Gemütsbewegung oder Gefühlswallung bezeichnet, was deren vorübergehenden, heftigen Charakter verdeutlicht.
- *Stimmungen* zeichnen sich dadurch aus, dass sie länger anhaltend sind als Emotionen und auch ohne eine für uns erkennbare Ursache auftreten können. Beispiele dafür sind eine unbestimmte gute oder schlechte Laune, die wir spüren, oder eine zeitweilige Melancholie. Die Stimmung wird auch als Befindlichkeit oder Gemütszustand bezeichnet.

• Unter *Gefühlen* (in der Psychologie auch als Oberbegriff für Emotionen, Affekte, Stimmungen und mehr verwendet) verstehe ich lange anhaltende Empfindungen. Das Paradebeispiel ist die Liebe – ebenso der Hass. Ferner ordne ich dieser Kategorie unter anderem zu: Selbstliebe, Selbstwertgefühl, Urvertrauen, grundlegender Optimismus/Pessimismus als Lebenshaltung, innere Zufriedenheit, anhaltende Lebens- oder Zukunftsangst.

Beginnen wir mit den *Stimmungen*. Wie sie unsere Entscheidungen und unser Verhalten beeinflussen, habe ich bereits im Abschnitt über den «Bauch» erwähnt und ich glaube, jeder kennt dieses Phänomen der unterschiedlichen oder wechselhaften Stimmungen aus eigener Erfahrung. Es ist wissenschaftlich erwiesen, dass eine gute Stimmung die Hilfsbereitschaft erhöht, das Kaufverhalten beeinflusst, die harmlose Risikobereitschaft steigert, während eine trübe Stimmung eher zu Stress, Rückzug, mangelnder Entscheidungsfreude bis zur Passivität führt. Was aber beeinflusst unsere Stimmung? Abgesehen vom vermuteten Einfluss des Darms sind dies mehrere Faktoren, äußere wie innere. Ich führe hier nur die wichtigsten auf:

• *Lebenssituation*. Probleme und Konflikte, sowohl gewichtige als auch unbedeutende, lassen gewisse Menschen niedergeschlagen, ängstlich, reizbar, stumm oder laut werden, während andere bei Herausforderungen erst richtig aufblühen, entscheidungswillig und tatkräftig werden. Die Zufriedenheit oder der Verdruss im Beruf, in familiären Beziehungen, bei der Geld- und Wohnsituation tragen ebenfalls zur besseren oder schlechteren Stimmungslage bei. Selbstverständlich wirken sich auch einschneidende Ereignisse wie der drohende Verlust des Arbeitsplatzes, der Tod eines nahestehenden Menschen, eine schwere Krankheit stark auf die Befindlichkeit aus.

• *Tages- und Jahreszeit/Licht/Wetter*. Jeder, ob Frühaufsteher oder Nachteule, hat schon die Erfahrung gemacht, dass er am Morgen und bei Sonnenschein die Dinge positiver sieht, bei Dunkelheit und trübem Wetter negativer. Typisch dafür ist etwa die Winterdepression. Auch die Temperatur hat einen Einfluss, also ob wir unter der Wärme oder der Kälte leiden. Und schließlich setzt manchen die Wetterfühligkeit zu, wie etwa Kopfweh bei Föhn oder das Schmerzen einer Narbe beim Wetterumschwung.

• *Lebensalter.* Es mag erstaunen, aber Studien zeigen immer wieder, dass ältere Menschen häufiger in guter Stimmung sind als jüngere. Eine →Schweizer Umfrage hat sogar ergeben: Der stimmungsmäßige Höhepunkt liegt zwischen 66 und 75 Jahren. Jüngere Menschen sind hingegen öfter unzufrieden, und bekanntlich erfährt die Stimmung während der sogenannten Midlife-Crisis einen Knick.

→ «Wie geht's dir?», Studie beauftragt von Pro Mente Sana, durchgeführt von der Forschungsstelle sotomo (2018).

• *Hormone.* Sie zeichnen ebenfalls verantwortlich für Stimmungsschwankungen. Ein Beispiel ist das Serotonin, das «Glückshormon», dessen Produktion unter anderem auch vom Licht gesteuert wird, was wiederum von der oben erwähnten Jahreszeit und dem Wetter abhängt; ein anderes Beispiel ist eine vermehrte oder verminderte Ausschüttung von männlichen oder weiblichen Hormonen, wie sie in der Pubertät und den Wechseljahren vorkommt.

• *Gedanken.* Unser Denken bedingt unsere Stimmung und unsere Stimmung bedingt unser Denken, die beiden stehen in Wechselwirkung und treiben einander oft in einer Spirale an. Kreisen die Gedanken, heitere oder trübe, um Vergangenes oder Künftiges, beeinflussen sie den gegenwärtigen Gemütszustand entsprechend. Dieser wirkt sich wiederum auf die Art der Gedanken aus, heitere oder trübe, und das Ganze nimmt eine Eigendynamik an.

Unsere Stimmung, eine gute oder schlechte, hat eine nicht zu unterschätzende Wirkung auf unsere Entscheidungen und unser Verhalten. Es ist nicht einfach, diese Komponente beim Denken und Handeln «auszuklammern». Der erste Schritt liegt darin, uns bewusst zu machen, dass eine bestimmte Stimmung uns gerade beeinflusst. Untersuchungen haben nämlich gezeigt, dass dieses Bewusstsein bereits wesentlich dazu beiträgt, neutraler und objektiver zu urteilen. In einer →Studie wurden Personen telefonisch über ihre Lebenszufriedenheit befragt, wobei die Wissenschaftler die Befragungen bei unterschiedlichem Wetter durchführten. Dabei stellte sich heraus, dass die Menschen an sonnigen Tagen eine höhere Lebenszufriedenheit angaben,

→ N. Schwarz und G.L. Clore: Mood, misattribution, and judgements of well-being (Journal of Personality and Social Psychology, 1983).

während sie an regnerischen Tagen niedriger eingestuft wurde. Demnach wirkte sich die Stimmung direkt auf die Beurteilung aus. Besonders interessant war jedoch, dass dieser Wettereffekt nicht zum Tragen kam, wenn man sich bei den Befragten zuerst nach dem Wetter erkundigte. Dadurch wurde ihnen nämlich der Grund ihrer momentanen Stimmung bewusst und die Beurteilung der Lebenszufriedenheit fiel objektiver aus.

Emotionen sind schlechte Ratgeber, das wissen wir alle. Macht uns jemand wütend, reagieren wir zuweilen in einer Weise, die wir später als nicht angebracht erkennen und bereuen. Das Gleiche trifft zu, wenn wir uns durch eine Aussage oder Handlung eines Mitmenschen verletzt fühlen und deshalb schmollen, uns von ihm abwenden oder es ihm mit gleicher Münze heimzahlen. In juristischem Sinn kennen wir etwa die Tötung im Affekt, die auf eine Provokation folgt oder aus Eifersucht oder Zorn geschieht.

Nicht umsonst lautet eine Großmutterweisheit, wir sollen bis drei, besser noch bis zehn zählen, bevor wir auf eine Emotion reagieren. Und zuerst einmal nichts tun. Dies können wir uns tatsächlich zur Regel machen, und nach ein bisschen Üben gelingt es uns, das erste Aufwallen vorüberziehen zu lassen und erst zu handeln, wenn wir wieder über den redensartlich kühlen Kopf verfügen. Womit ich nicht sagen will, dass es uns manchmal nicht einfach guttut zu explodieren und es für unser Gegenüber nicht genau das Richtige sein kann; zu Letzterem finden Sie dann weitere Erläuterungen in Kapitel III (Abschnitte 3.1 und 4.1).

Auch Angst verleitet schnell zu unangemessenem und zuweilen für uns selbst und/oder andere schädlichem Verhalten. Studien haben gezeigt, wie Angst das logische Denken sowie die Beurteilung von Situationen und Menschen beeinflusst, in dem Sinne, dass das Denken irrational und die Beurteilung realitätsfremd wird.

Am stärksten aber werden unsere Entscheidungen und Handlungen durch Lust und Unlust beeinflusst. In einem Satz gesagt: Wir machen das, was uns Genuss bereitet, und vermeiden, was wir nicht mögen. Führen Lust oder Unlust zu einem Verhalten, das negative Folgen haben könnte, so neigen wir dazu, das Risiko als geringer einzuschätzen, als es tatsächlich ist. Und Konsequenzen, die in einer fernen Zukunft liegen, halten wir unter dem Einfluss von Lust oder Unlust für nicht allzu gravierend oder blenden sie aus. Das berühmte Denkspiel: Man bietet mir 1000 Euro, wenn ich mir mit einem Hammer auf den Daumen schlagen lasse, wobei ich den Schmerz erst in zehn Jahren spüre. «In zehn Jahren?», denke ich, «Wer weiß schon, was bis dann passiert… Das Geld kann ich aber heute gut gebrauchen!»

Bei Entscheidungen, die von Lust oder Unlust angetrieben werden, läuft in der Regel kein echter Denkprozess ab, vielmehr treffen wir sie oft schnell und emotional und suchen daraufhin gedanklich, wenn überhaupt, nur passende Rechtfertigungen und Ausreden für uns selbst und/oder andere, in etwa:

- ein Seitensprung: «Das Risiko, dass mein Partner es je erfährt, ist minimal, und wenn er es nicht weiß, dann leidet er ja nicht darunter»;
- ein Stück Kuchen trotz Diät: «Ich esse morgen weniger, jetzt habe ich es für meinen Blutzuckerspiegel gebraucht»;
- das Schwänzen der Gymnastikstunde: «Ich spüre eine leichte Zerrung, es ist besser, mich zu schonen»;
- die Ferienreise, die ich mir eigentlich nicht leisten kann: «Dieses Last-Minute-Angebot durfte ich mir auf keinen Fall entgehen lassen»;
- das Aufschieben einer ungeliebten Aufgabe: «Ich warte gerade auf einen wichtigen Telefonanruf und kann meinen Arbeitsplatz nicht verlassen, um im Archiv aufzuräumen.»

Die meisten triebhaften Entscheide – und unter triebhaft verstehe ich jegliche Form von Lust und Unlust – bringen keine schwerwiegenden Folgen mit sich. Warum sich also nicht davon verführen lassen? Weil es oft gar nicht das ist, was *ich* wirklich will, sondern «etwas» in mir; dazu dann mehr im Abschnitt über das Unbewusste. Allerdings kann die Unlust auch ein Zeichen der Seele sein, wie Sie in Kapitel III lernen werden.

Kommen wir nun zu den *Gefühlen*. In der Regel sind diese gemeint, wenn wir von der Stimme des Herzens sprechen. Schauen wir uns einmal an, wie sie uns beeinflussen.

Lieben oder mögen wir jemanden, so sehen wir ihn durch eine rosa Brille; vor lauter Liebe, aber auch aus Altruismus oder Empathie, übersehen wir rationale Aspekte und urteilen nicht objektiv. Oft sind wir uns dessen sogar bewusst, ohne dem jedoch entgegenzuwirken. Wie Eltern das eigene Kind in Schutz nehmen, obwohl es im Unrecht ist, davon wissen Lehrer ein Lied zu singen. Ebenso stehen wir zum Partner oft in einer Weise, die über eine gesunde Loyalität hinausgeht. Die Gefühlsblindheit betrifft auch banale Situationen: Die gelbe Karte für einen Spieler «unserer» Mannschaft ist ungerecht und der Schiedsrichter ein Idiot, während der gegnerische Spieler für das gleiche Foul die rote verdiente. Einer hübschen Bedienung im Restaurant lässt Mann eher durchgehen, wenn sie ihm den falschen Wein bringt, als einer unattraktiven. Und Frau findet Entschuldigungen für den charmanten Reiseleiter, wenn sich der Bus verspätet und der Magen immer lauter knurrt, wofür sie einem spröden eine Szene machen würde.

Hass, tiefe Abneigung, Feindseligkeit, Groll und ähnliche Gefühle sind der Gegenpol zur Liebe. Sie bewirken ebenfalls, dass wir nicht mehr objektiv urteilen und handeln und haben mitunter sogar stärkere Auswirkungen als die Liebe: Sie können dazu führen, dass wir alles nur noch im Spiegel dieses Hasses sehen, zuweilen sogar den Fokus des Lebens auf das Objekt unseres Hasses ausrichten und für anderes blind werden.

Ein weiteres mächtiges Gefühl ist die Angst. Einerseits, und dann gehört sie in die Kategorie der Emotionen, die berechtigte Angst in einer akut gefährlichen Situation, die uns nicht mehr klar denken lässt und uns lähmt. Andererseits ein dauerhaftes, oft lediglich unterschwelliges Angstgefühl, etwa die Stelle zu verlieren, vom Partner verlassen zu werden, schwer zu erkranken, und natürlich auch die unzähligen oft eher unbewussten →Ängste aufgrund eines schwachen Selbstwertgefühls und Mangels an Selbstliebe. Und all diese Ängste führen jeweils zu Entscheidungen und Handlungen, die uns nicht guttun.

→ Zu den Ängsten aufgrund eines schwachen Selbstwertgefühls siehe meine beiden Bücher «Ich liebe mich selbst»; Info Seite 99.

Abschließend halte ich fest: Entscheidungen und Handlungen aus dem Herzen beruhen entweder

• auf zeitweiligen, wechselhaften Stimmungen, die durch äußere und innere Faktoren beeinflusst werden;
• auf Emotionen, die uns in bestimmten Situationen überwältigen, ohne dass wir uns dagegen wehren können, und vor allem auf dem Empfinden von Lust oder Unlust, das uns triebhaft steuert;
• auf Gefühlen, die oft dazu führen, dass wir die Realität rosa oder schwarz gefärbt sehen.

Ich nehme an, dass Sie nach der Lektüre dieses Abschnitts ebenso davon überzeugt sind wie ich: Das Herz ist blind, oder zumindest stark sehbehindert und ist folglich alles andere als ein unfehlbarer Ratgeber.

4. Das Unbewusste, die große Unbekannte

Beschäftigen wir uns mit inneren Stimmen irgendwelcher Herkunft und ihrer Ratgeberfunktion, kommen wir nicht umhin, uns Sigmund Freuds tiefenpsychologisches Konzept anzuschauen und uns zu fragen, inwieweit wir den Stimmen aus dem Unbewussten vertrauen dürfen. Ich spreche dieses riesige Thema hier nur kurz und rudimentär an.

Freud war davon überzeugt, das Verhalten des Menschen sei vorrangig durch unbewusste Antriebe bestimmt, demnach sei er nicht Herr seiner Wünsche und seines Willens. Die Psyche ist laut Freud in drei Instanzen unterteilt, die in Wechselwirkung und Konflikt miteinander stehen und in diesem Sinne als «innere Stimmen» betrachtet werden können, die uns lenken:
• *Das Es* umfasst vor allem die Triebe, ist frei von Moral und Logik und folgt dem Lustprinzip, strebt also nach Lustgewinn und Schmerzvermeidung;
• *das Ich* agiert als eigenständiges Handlungszentrum und bedient sich des kritischen Verstands; es steht im Kontakt mit der Umwelt und entscheidet, ob ein Impuls befriedigt werden kann und wann und wie;
• *das Über-Ich* ist die moralische Instanz, welche unsere Entscheidungen und Taten als richtig oder falsch beurteilt; es ist das *Gewissen* des Menschen. Es enthält die Gebote und Verbote seitens der Eltern und der Gesellschaft beruhend auf Glauben, Traditionen und anderen Werten. Das

Über-Ich ist eine innere, verselbstständigte Instanz, die großenteils unbewusst in uns wirkt.

Bei unseren Entscheidungen und Handlungen geht es nach Freud darum, die drei Instanzen in Einklang zu bringen: Dann fühlen wir uns gut. Wie schwierig, ja unmöglich dies oft ist, wissen wir alle. Das ausschließlich unbewusste Es ist nämlich wie der verborgene, der größte Teil eines Eisbergs, der uns aus der Tiefe lenkt, ohne dass wir es merken, während die bewussten Anteile des Ich und Über-Ich nur die Spitze dieses Eisbergs ausmachen.

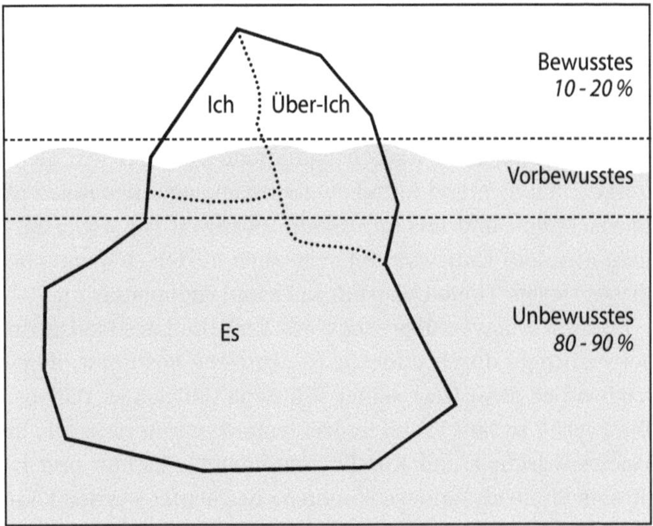

Heute gelten manche von Freuds Theorien als überholt. Doch kein Psychologe wird bestreiten, dass im Menschen Elemente wirken, derer er sich nicht bewusst ist und die seine Entscheidungen und sein Handeln beeinflussen.

In diesem Zusammenhang noch etwas zu den Träumen, denen mitunter eine Erkenntnisfunktion zugestanden wird, nicht nur von Freud, der ihre Deutung als den Königsweg zur Erforschung des Unbewussten bezeichnete. Es sollte dabei beachtet werden, dass es die nachträgliche *eigene Beschäftigung* mit dem Traum, die eigenen aufkommenden Gedanken, Assoziationen, individuellen Symbole sind, die zu Erkenntnissen führen; daher kann ein Traum im Grunde genommen ausschließlich vom Träumenden selbst gedeutet werden und ein Therapeut oder ein Mitmensch kann nur anleitend, unterstützend wirken. Ich halte die Traumdeutung für ein wirksames Mittel, um uns selbst besser zu verstehen und Verborgenes oder Verdrängtes aufzuarbeiten – nicht weniger, aber auch nicht mehr. Träume, als Spiegel der Vergangenheit aus dem Unbewussten, vermögen uns bei deren Bewältigung zu helfen, können uns aber nicht zuverlässig laufend im Leben beraten und führen.

Dass wir diese Aufgabe nicht den Trieben und dem Lustprinzip des Es überlassen dürfen, ist ebenso klar. Aber auch das Ich und das Über-Ich, die ja auf den Wertvorstellungen anderer nicht unfehlbarer Menschen und einer bei Weitem nicht unfehlbaren Gesellschaft gründen, sind folglich nicht unfehlbar und wir können uns nicht auf sie verlassen.

Das im Unbewussten verborgene Wertesystem stammt nämlich zum großen Teil aus der Kindheit. Die Menschen, denen wir vertrauten und die uns als Vorbilder dienten – Eltern, Lehrer und weitere Bezugspersonen –, gaben uns durch ihre Belehrungen und ihr Verhalten zu verstehen, was *sie selbst* für wertvoll hielten, beispielsweise Ehrgeiz, Intelligenz, respektvolles Verhalten, Schönheit, Mut, Reinlichkeit; und was sie für besonders verwerflich, somit wertlos, hielten, etwa sexuelle Freizügigkeit, fehlende Bescheidenheit, Zeitverschwendung, Unpünktlichkeit.

Im Lauf der Kindheit und Jugend überhäufte man uns zudem mit einer Menge persönlicher Beurteilungen im Stil von: Die Mathematik liegt dir. Du bist schwer von Begriff. Du machst ständig die gleichen Fehler. Du bist ein Versager. Du hast schöne Augen. Du bist stark. Du bist tapfer. Du hast zwei linke Hände. Du bist musisch unbegabt. Deine Sommersprossen sind süß. Dein Wille ist zu schwach. Du bist zu dick. Du bist ein Spaßvogel. Du bist ein Angsthase. Dir fehlt die Logik. Du wirst es nie zu etwas bringen.

Die allgemeinen Werturteile und die uns bewertenden Aussagen haben wir uns einverleibt und zu eigen gemacht, sie gravierten sich in unser Unbewusstes ein, umso tiefer, je öfter wir sie zu hören bekamen. Soweit wir sie überhaupt erkennen, halten wir sie sogar für eigene Werte und Überzeugungen. In Wirklichkeit wurden sie uns aber anerzogen, treffender ausgedrückt: eingepflanzt, und gehören nicht zwingend zu unserem wahren Wesen. Ich spreche in diesem Zusammenhang gern davon, wir seien als Kinder *programmiert* worden: Die Software ist in unserem Unbewussten gespeichert, trägt zur Art und Weise bei, wie wir uns selbst sehen, und steuert unser Denken und Handeln.

Fazit: Eine Stimme aus dem Unbewussten, ob aus dem Es, dem Ich oder dem Über-Ich, kennt unsere *eigene* Wahrheit, den Weg unserer Seele nicht und kann uns nicht führen.

5. Die innere Stimme in der Psychologie

Eine Stimme muss ich der Vollständigkeit halber noch kurz besprechen, da vielleicht auch einige Leser dieses Phänomen kennen. In der Psychologie wird es «innere Stimme» genannt. Es handelt sich dabei, einfach erklärt, um eine Stimme, die in einem selbst einen ständigen inneren Monolog führt: Sie erzählt fortwährend das eigene Leben, also was man gerade denkt oder erlebt, etwa: «Das kommt jetzt davon, dass ich zu spät aufgestanden bin» oder «Ach, schau an, die Nachbarin gießt schon wieder die Blumen». Menschen, welche diese Art innere Stimme hören, können nicht glauben, dass es nicht allen so ergeht. Umgekehrt, wem die inneren Monologe nicht aus der eigenen Erfahrung bekannt sind, hat Mühe sich vorzustellen, wie sie ablaufen.

→ MRT = Magnetresonanztomografie; CT = Computertomografie; diese Verfahren bilden, wie auch Röntgenstrahlen, das Körperinnere ab.

Trotz der modernen bildgebenden Verfahren wie →MRT und CT, welche die Aktivität von Hirnarealen gut abbilden, kann man nicht so in einen Kopf schauen, dass die gerade ablaufenden konkreten Gedanken ersichtlich werden. Deshalb wurden Studien auf andere Weise durchgeführt, um herauszufinden, was wann im Kopf gehört wird. Der heutige Wissenschaftsstand scheint zu belegen, dass die Mehrheit der Menschen keine solche innere Rede führt, dass jedoch die meisten, wenn nicht gar alle etwas erleben, das der Psychologe Russell T. Hurlburt von der University of Nevada als «unsymbolized thinking» (unsymbolisiertes Denken) bezeichnet. Dabei soll es sich um eine Art «reine Gedanken» handeln, die nicht in Form von Bildern, Worten oder in anderer sinnlich wahrnehmbarer Gestalt vorkommen; es handelt sich jedoch nicht um eine bloß vage Wahrnehmung, sondern um «echte» Gedanken über etwas Bestimmtes. Im Allgemeinen ist das Denken jedoch eng mit der Sprache verbunden, was übrigens auch der gängigen Meinung in der Philosophie und Psychologie entspricht. Allerdings gibt es durchaus wissenschaftliche Forschungsansätze, die untersuchen, ob das Denken von der Sprache abgekoppelt sein kann. Es war bereits in der Antike umstritten, ob wir in der Sprache denken, in der wir sprechen, oder ob eine eigene Sprache des Geistes existiert.

Die moderne Forschung über die innere Stimme geht auf den russischen Psychologen Lew Wygotski zurück, der in den 1930er-Jahren vermutete, die innere Stimme entwickle sich, wenn das Kind sprechen lernt. Es redet auch laut mit sich selbst oder führt Dialoge mit unbelebten Gegenständen, vornehmlich um Pläne zu entwerfen oder Probleme zu lösen. Die lauten Selbstgespräche hören im Alter von etwa fünf Jahren zwar auf, werden aber innerlich weitergeführt. Und dabei soll es dann im Erwachsenenalter bleiben. Diese innere Stimme sei demnach ein nützliches Werkzeug, um das Leben zu meistern, meint Wygotski, sie könne sich aber auch als innerer Kritiker manifestieren und sei dann unangenehm und destruktiv. Das erinnert an Freuds Über-Ich.

Seit der Mitte des letzten Jahrhunderts entwickelten Psychologen dieses Konzept weiter und es fließt heutzutage in die neueren Erkenntnisse über die innere Stimme ein. Um dem Ganzen überhaupt eine Struktur zu geben, unterscheidet eine →polnische Studie zwischen vier Typen von inneren Stimmen: die treue Freundin, das hilflose Kind, die stolze Konkurrentin und die ambivalenten Eltern. Die meisten Menschen sind sich bewusst, dass diese Stimmen aus ihnen selbst stammen; hingegen halten gewisse psychisch Erkrankte, wie beispielsweise Schizophrene, sie für real und sind davon überzeugt, jemand von außerhalb spreche mit ihnen. Es wurden Therapien entwickelt, wie Menschen lernen können, mit den inneren Stimmen umzugehen, die sie als belastend empfinden.

→ M. Puchalska-Wasyl: Self-talk: conversation with oneself? On the types of internal interlocutors (Journal of Psychology, 2015)

Wie gesagt, diese innere Stimme habe ich nur kurz erwähnen wollen, da sie in jüngerer Zeit immer wieder auch in den Medien thematisiert wird – nicht zuletzt im Zusammenhang mit der Künstlichen Intelligenz. Doch dass diese

Stimme und das unsymbolisierte Denken nicht als unsere unfehlbaren Ratgeber betrachtet werden können, scheint mir offensichtlich und bedarf keiner weiteren Erörterung.

Um eventuelle Missverständnisse zu beseitigen: Die Stimme der Seele habe ich früher als «Innere Stimme» bezeichnet, weil damals die psychologische Bedeutung dem breiten Publikum nicht geläufig war und ich diesen Begriff als neutraler empfand als «Seelenstimme». In allen Neuauflagen meiner Bücher habe ich die Terminologie jedoch geändert und verwende nun ausschließlich «Seelenstimme».

6. Inspiration aus dem Universellen

Die «Stimmen» der vorangehenden fünf Abschnitte stammen zweifellos aus uns selbst. Wie steht es aber mit den Eingebungen, Erleuchtungen, etwa der Inspiration von Musikern, Dichtern oder Erfindern, die von «außen» zu kommen scheinen? Handelt es sich um Gedankenübertragung? Oder sind es Engel, die uns anregen und schützend beraten? Andere Wesenheiten, die in unser Leben eingreifen?

Ich weiß es nicht. Es gibt dermaßen viele unerklärliche Phänomene, dass ich mir nicht vorstellen kann, sie seien alle bloßer Zufall, Einbildung oder Spinnerei. Wobei sie möglicherweise nur *derzeit* unerklärlich sind und man in Zukunft eine logische, wissenschaftliche Begründung dafür finden wird – ich erinnere an die Tatsache, dass das Wissen der Menschheit nicht am Ende angelangt ist, sondern sich laufend weiterentwickelt. Scheinbare Beweise für metaphysische Phänomene werden ja auch immer wieder vorgebracht. Dennoch bleibt es Glaubenssache, was wir als wahr akzeptieren und was nicht.

Ich selbst neige dazu, an gewisse «paranormale» Dinge zu glauben, nicht aus eigener Erfahrung, sondern deshalb, weil ich Menschen kenne, welche die Seelen kürzlich Verstorbener sehen – Menschen, bei denen ich mir sicher bin, dass sie mich nicht belügen. Doch inwieweit ihr Glaube und ihr spiritueller Hintergrund ihre Wahrnehmung beeinflusst, vermag ich nicht zu beurteilen. Wovon ich aber überzeugt bin: Es gibt außer der sichtbaren Welt andere Orte, Dimensionen, Wesenheiten, Energien – Dinge jedenfalls, die wir mit den fünf Sinnen und dem gegenwärtigen Bewusstsein (noch) nicht wahrnehmen können. Vielleicht wird es für die Menschheit eines Tages ganz selbstverständlich sein, Seelen von Verstorbenen zu sehen, in ein Paralleluniversum zu reisen, stumm über Gedanken zu kommunizieren – und mit der eigenen Seele in ständigem Kontakt zu sein. Lachen Sie nicht über meine Hirngespinste! Die moderne Physik beschäftigt sich tatsächlich mit solchen «Hirngespinsten» wie Multiversen und zusätzlichen Dimensionen.

Ganz vehement rate ich jedoch immer davon ab, mit Verstorbenen oder Wesen aus anderen Welten – Jenseits, Geisterwelt, wie man sie auch bezeichnet – in Kontakt treten zu wollen, etwa an spiritistischen Sitzungen, beim Channeling und/oder durch andere okkultistische Praktiken. Ich glaube nämlich, erstens, dass in unsichtbaren Welten machtvolle Energien existieren könnten, die uns vielleicht Schaden zufügen, sei es willentlich, sei es, weil sie bisher unbekannten Naturgesetzen gehorchen. Es ist für uns unmöglich, zweifelsfrei zu erkennen, wer tatsächlich durch ein Medium mit uns «spricht». Selbst bei scheinbar deutlichen Zeichen, dass es sich um den «eigenen» Verstorbenen oder ein höher entwickeltes geistiges Wesen handelt, können wir nie ganz sicher sein. Wir müssen dem Medium nicht einmal Unredlichkeit unterstellen – aber was wissen wir denn, welche Art Kräfte tatsächlich wirken? Zweitens bezweifle ich, dass Verstorbene und undefinierte Wesenheiten, die mit uns in Kontakt treten können, über die absolute Wahrheit verfügen, weshalb ihre Aussagen und Ratschläge ohnehin mit Vorsicht zu genießen wären – wie kämen wir überhaupt dazu, unbekannten Mächten zu vertrauen?

Doch wie schon gesagt, das ist Glaubenssache, und jeder muss in sich selbst spüren, was für ihn Wahrheit und was Trug ist.

Sichere Wahrheit liegt indes in der Seelenstimme, davon bin ich restlos überzeugt. Und dazu komme ich gleich im nächsten Kapitel.

II. Die Führung der Seele

Bisher haben wir erkannt: Das Unbewusste weist uns nicht den Lebensweg, der für jeden von uns als einzigartiges Individuum der beste ist, auf den Verstand können wir nicht bedingungslos bauen, ebenso wenig auf den Bauch und schon gar nicht auf das blinde Herz. Je nach Situation auf das eine oder das andere zu hören, wäre eine Möglichkeit. Aber wie sollen wir wissen, wann wir welcher Stimme vertrauen dürfen? Die unterschiedlichen Meinungen gegeneinander abzuwägen und in Einklang zu bringen, ist ebenfalls keine brauchbare Lösung: Es kostet zu viel Zeit, und Kompromisse sind selten das Optimale. Zudem herrscht Verunsicherung, wenn der Verstand in die eine Richtung führen will, das Herz in die andere zerrt und zu allem Überfluss noch ein unbehagliches Bauchgefühl auftaucht, das uns womöglich vor beiden warnt. Was wir alle gern hätten, ist *eine* Stimme, der wir in *jeder* Situation vertrauen können, nicht wahr?

In der Tat gibt es etwas Unfehlbares, Allwissendes in uns, das ich die Seele nenne. Sie spricht mit uns und weist uns immer den richtigen Weg. Nun erwarten Sie vielleicht eine Definition von «Seele». Diese wäre jedoch eine rein persönliche, denn an diesem Punkt verlasse ich den Bereich des wissenschaftlich Anerkannten und Bewiesenen und wir bewegen uns auf dem Gebiet des Glaubens, einem Gebiet allerdings, das für die meisten Menschen in der einen oder anderen Form genauso real ist wie die Wissenschaft. Deshalb will ich in diesem Buch unter der Seele ganz allgemein das Höhere in uns verstehen. Für die einen ist es der göttliche Funke, für andere ein Teil der Universalseele oder die Wahrheit, das Unsterbliche. Etwas in uns jedenfalls, das unser Bestes will und uns dahin zu lenken versucht – mit mehr oder weniger Erfolg, je nachdem, wie sehr wir dieser Instanz vertrauen und ihrem Rat folgen.

Wichtiger als eine Definition der Seele ist die Beantwortung der Frage, wie und wohin sie uns führt. Vorher habe ich gesagt, sie wolle das Beste für uns. Ach ja, unsere Eltern wollten das doch auch und dennoch befanden wir nicht alles, was sie für uns taten, als richtig und gut. Allerdings … manchmal erkannten wir später, dass sie mit ihren Entscheidungen und Vorgaben nicht so falsch lagen. Die gleiche Erfahrung machen wir mitunter beim eigenen Handeln: Zuerst scheint das Resultat unbefriedigend, vielleicht sogar schmerzhaft, im Nachhinein zeigt sich dann aber, wie alles genauso sein musste, um schließlich zu einem glücklichen Ende zu führen. Mit der Lenkung der Seele ist es ähnlich. Um das zu erläutern, muss ich etwas weiter ausholen.

1. Der Sinn des Lebens

Eine Frage, mit der sich jeder Mensch früher oder später beschäftigt, ist diejenige nach dem Sinn des Lebens, dem allgemeinen und dem individuellen: Warum gibt es die Erde und das Weltall? Was ist der Sinn meiner Existenz? Hat das Ganze überhaupt einen Sinn? Und wenn ja, worin besteht meine eigene Lebensaufgabe?

Betrachten wir das Universum seit der Entstehung bis heute, stellen wir fest, dass sich die Einheit zur Vielheit entfaltet hat. Beim Urknall, so lehrt uns die Wissenschaft, begann ein «Etwas», das alles extrem dicht komprimiert in sich vereinte, zu expandieren. Es entstanden Galaxien mit Sternen und Planeten. Auf der vorerst unbelebten Erde erschienen später die lebenden Organismen, Einzeller. Sie schlossen sich zu Gruppen zusammen, spezialisierten sich, bildeten Pflanzen und Tiere, die sich von simplen zu immer vielseitigeren Systemen wandelten.

Neben dieser Ausformung von der Einfachheit zur Komplexität erkennen wir zudem, dass die Natur alles Erdenkliche zu verwirklichen versucht. Schauen wir nur den Artenreichtum an, die oft bizarren Wesen, und stellen wir uns im Gegenzug einen Planeten vor, auf dem es ausschließlich Berge aus Granit, braune Erde, Klee, Tannen und Raben gibt. Es geht in der Schöpfung offenbar nicht um Gleichförmigkeit, Eintönigkeit, sondern um die verschiedenartigsten Stoffe, Farben, Formen, Klänge, Düfte, …

Der Sinn des Lebens scheint auf der materiellen Ebene in der Evolution und Differenzierung zu liegen, in einem nicht endenden Prozess. Selbst wenn gewisse Religionen den Menschen für die Krone der Schöpfung halten – sind wir tatsächlich so vermessen anzunehmen, nach Jahrmilliarden der Evolution stehe sie von jetzt an still?

Es lässt sich nicht vorhersagen, wie sich unsere Spezies körperlich verändern wird. Doch erweitern wir den Blickwinkel von der physischen auf die geistige Entwicklung, so sehen wir auch hier, vom Einzeller bis zum Menschen, eine fortlaufende Verfeinerung und Individualisierung auf der Bewusstseinsebene. Das lässt sich schließlich innerhalb der Gattung Homo über die letzten paar Millionen Jahre beobachten und noch eindrücklicher beim Homo sapiens, dem modernen Menschen, in den vergangenen 160 000 Jahren. Und erst recht über die letzten Jahrtausende, die wir dank schriftlicher Quellen besser kennen.

War die Evolution der Arten ein kollektiver Prozess, so ist das geistige Wachstum des Menschen auch ein individueller. Im Gegensatz zu den Pflanzen und vermutlich den meisten (vielleicht allen) Tieren, deren Verhalten durch Instinkte gesteuert und deren Evolution zwangsläufig durch die Natur vollzogen wird, besitzen wir Menschen nämlich die Voraussetzungen, um unsere Handlungsweise mehr oder minder frei zu bestimmen. Und damit die Möglichkeit, uns bewusst und freiwillig geistig zu entwickeln.

Das halte ich für den Sinn des Lebens, den kollektiven und den individuellen. Entgegen der Meinung hoffnungsloser Pessimisten, die gegenwärtige Welt sei schlecht, müssen wir doch anerkennen, dass sich das Bewusstsein auf der Welt insgesamt in den letzten Jahrtausenden zum Besseren gewandelt hat: Menschenopfer werden nicht mehr erbracht und Hexen nicht mehr verbrannt, die Folter ist geächtet, Schule und Bildung für alle haben einen hohen Stellenwert, vielerorts wurden tyrannische Staatsformen durch die Demokratie abgelöst, die soziale Gerechtigkeit wird angestrebt, die Not und Armut bekämpft, …

Klar gibt es noch viel zu tun, wir stehen vor gewaltigen Herausforderungen, das will ich gar nicht schönreden. Ich bin jedoch zutiefst davon überzeugt, dass eine wahrhaft gute Welt erschaffen werden kann, aber nur durch ein stetiges Wachsen an Bewusstsein, *und zwar jedes einzelnen Menschen*, so wie es in vergangenen Zeiten immer und immer wieder geschehen ist. Um nur ein Beispiel zu nennen:

Der Grundsatz der Freiheit und Gleichheit aller Menschen stand jahrtausendelang, bis nach dem Mittelalter, überhaupt nicht zur Diskussion, Leibeigenschaft und Sklaverei waren die Regel; die Geknechteten selbst hielten die damalige Ordnung von Herrschenden und Beherrschten, Herren und Dienern mehrheitlich für natürlich gegeben und unangreifbar. Erst mit der französischen Revolution im 18. Jahrhundert begann sich das Verständnis, dass alle Menschen frei und gleich sind, durchzusetzen, noch lange nicht überall, wurde aber schließlich 1948 in der Allgemeinen Erklärung der Menschenrechte festgeschrieben und gilt heute, wenn nicht als juristisch, so doch als moralisch und politisch verbindlich. Ist das nicht eine gewaltige Bewusstseinsentwicklung? Natürlich braucht es dazu Vordenker und Visionäre – oft Revolutionäre. Doch damit neue Anschauungen sich kollektiv über die gesamte Gesellschaft, die ganze Welt ausbreiten, ist eine individuelle geistige Entwicklung unerlässlich. Jeder einzelne muss freiwillig und durch eigenes Bemühen an seinem Bewusstsein feilen. Und ist dazu in der Lage! Unfehlbar geführt wird er von der Stimme seiner Seele. Die individuelle Belohnung – schließlich braucht es meistens einen persönlichen Anreiz – liegt in einer tieferen Zufriedenheit und einem sorgenloseren Leben. Das will ich im folgenden Abschnitt ausführlicher erläutern.

2. Die lenkende Seele

Gleich vorneweg: Die Seele führt uns – durch die Seelenstimme – nicht *unmittelbar* ins irdische Glück. Erwarten wir dies und folgen nur deshalb ihren Ratschlägen, riskieren wir, enttäuscht zu werden. Wir müssen uns bewusst sein, dass ihr Ziel ein langfristiges und übergeordnetes ist, anhaltende Zufriedenheit dabei wichtiger ist als schneller Lustgewinn und dass sie uns stets sowohl als Individuum als auch als Teil und zum Wohl der Weltgemeinschaft lenkt. Was selbstverständlich nicht ausschließt, dass uns sofort glückliche Momente beschert werden; im Gegenteil, diese nehmen in dem Maße zu, wie wir an Bewusstsein wachsen. Um die Bewusstseinsentwicklung geht es der Seele nämlich, und auf diesem Weg gelangen wir schlussendlich zur *immerwährenden, echten inneren Zufriedenheit*. Mehr dürfen wir nicht erwarten – doch ein höheres Ziel kann es für uns Menschen nicht geben, etwas Erfüllenderes finden wir auf dieser Welt, in diesem Leben nicht!

Wie wichtig die Evolution des *individuellen* Bewusstseins für das irdische Glück ist, wird Ihnen sofort klar, wenn Sie sich folgende Begebenheit vor Augen führen, wie sie auch Ihnen sicher schon passiert ist. Ein Bekannter von Ihnen macht sich wegen einer bestimmten Situation Sorgen, ärgert sich oder ist ratlos, und zwar in einer Situation, die Sie selbst nicht als besorgniserregend, ärgerlich oder schwer zu bewältigen empfinden. Sie verstehen daher sein Problem nicht, halten ihn vielleicht für überempfindlich oder einfältig, schütteln den Kopf oder belächeln ihn. Ihr Bekannter leidet aber tatsächlich, das ist klar, Besorgnis, Ärger, Ausweglosigkeit sind immer leidvoll. Glauben Sie wirklich, er würde sich das antun, wenn er anders könnte? Nein, natürlich nicht. Warum leidet *er* also wegen einer Situation, in der *Sie* nie leiden würden? Weil er es nicht besser weiß. Und wie könnte er das Leiden vermeiden? Indem er seine Wahrnehmung der Situation verändert, die Perspektive, aus der er diese betrachtet, aber auch die eigenen Wertvorstellungen, Prioritäten, etwa seine kurz- oder langfristigen Ziele und einiges mehr dergleichen, kurz und bündig: sein Bewusstsein verändert. Besäße er *Ihr* Bewusstsein, würde er in der betreffenden Situation nicht unter Sorgen, Ärger oder Ratlosigkeit leiden.

Nun seien Sie ehrlich mit sich. Gab es in Ihrem Leben nicht auch schon eine Situation, worunter *Sie* litten und ein Mitmensch nicht verstand, worin Ihr Problem lag? Ihnen vielleicht sogar eine Lösung präsentierte, deren Logik und Richtigkeit Sie jedoch nicht erfassten? Wären Sie auf der gleichen Bewusstseinsebene wie Ihr Mitmensch gewesen, hätten Sie unter dieser Situation nicht gelitten.

Von einer höheren oder niedrigeren Bewusstseinsstufe zu sprechen, liegt mir fern. Es geht nicht darum, weiter oder weniger weit entwickelt zu sein. Jeder Mensch ist anders und muss durch viele persönliche Erfahrungen gehen, um Zufriedenheit und Sorglosigkeit zu erlangen. Die Reihenfolge dieser Erfahrungen ist von Individuum zu Individuum unterschiedlich, der Lebensweg eines jeden Menschen ist höchst individuell. Genau dabei greift die Seele ein, das strebt sie an: uns auf unserem ureigenen Weg zu leiten. Aus den Erfahrungen zu lernen, ist dabei unsere Aufgabe. Lernen, lernen und nochmals lernen und so Schritt für Schritt an Bewusstsein wachsen. Ich spreche in diesem Zusammenhang gern von der Lebensschule, die jeder besucht, ob er will oder nicht, ob er sich dessen bewusst ist oder nicht. Es geht dabei um die →Wechselwirkung zwischen Taten und Erkenntnis: Ich handle und aus dem, was daraus entsteht, ziehe ich meine Schlüsse und gelange zu neuen Einsichten, die mein künftiges Handeln bestimmen – ich lerne.

→ Dieses Prinzip habe ich in meinem Buch «Karma Yoga – Auf dem sonnigen Weg durch das Leben» detaillierter erläutert; Info Seite 99.

Dieser Grundsatz, der sich so logisch und einfach anhört, ist alles andere als einfach. Die zentrale Frage lautet nämlich: *Wie* soll ich handeln? Natürlich kann man antworten: Das ist offenbar nicht so wichtig, da ich ja aus jeder Handlungsweise lerne. Hat mir das Ergebnis nicht gefallen, kann ich beim nächsten Mal eine andere Variante ausprobieren und daraus lernen. Aber wir möchten doch möglichst ungeschoren und schmerzfrei durch das Leben und zur immerwährenden Zufriedenheit kommen und nicht erst durch viele leidvolle Erfahrungen! Die Methode *trial and error* (Versuch und Irrtum) scheint also nicht die beste Option zu sein. Wir sehen sie ja in unserer Umgebung (und vielleicht auch bei uns selbst) oft praktiziert: Es gibt Menschen, die immer wieder den gleichen Fehler machen. Oder nicht den gleichen, aber einen ähnlichen. Oder auch einen anderen analogen. Offenbar müssen sie vieles ausprobieren, bis sie schließlich den guten, richtigen Weg finden. Haben sie vielleicht zu stark auf ihr Herz gehört? Oder auf den Bauch? Gar mit dem Verstand Pro und Kontra abgewogen und dennoch jedes Mal die falsche Entscheidung getroffen? Oder nicht die falsche, aber nicht die optimale?

Die Lebensschule funktioniert bis zu einem gewissen Grad wie eine gewöhnliche Schule. Solange wir achtsam den Lektionen folgen und lernen, bestehen wir die Prüfungen und kommen weiter, in die nächste Klasse. Haben wir hingegen den Schulstoff noch nicht verstanden oder sind wir nachlässig, unaufmerksam, desinteressiert, unwillig, faul, so erhalten wir Nachhilfeunterricht, müssen einzelne Examen wiederholen, bleiben vielleicht sogar sitzen. Im

Gegensatz zur gewöhnlichen Schule, die einmal zu Ende ist, entlässt die Lebensschule uns nie. Wie gesagt, das Leben selbst mit all den Erlebnissen und Erfahrungen ist unser Lehrer – denn wer lehrt uns besser als die alltägliche Praxis? Und das Schulbuch, der «Leitfaden zur Zufriedenheit», steht in unserer eigenen Seele geschrieben – denn wo könnten wir es lesen, wenn nicht in uns selbst? Besser noch: Es ist ein Hörbuch, vorgelesen von der Stimme der Seele.

Die Quintessenz: Wollen wir möglichst leicht und zufrieden durch das Leben wandern, so lohnt es sich, uns der unfehlbaren Führung der allwissenden Seele anzuvertrauen und die Weisungen ihrer Stimme zu befolgen, damit sich unsere Bewusstseinsentwicklung freiwillig und kontinuierlich vollzieht.

III. Die Stimme der Seele

Jeder Mensch besitzt eine →Seele, die mit ihm spricht. Und jeder Mensch ist in der Lage, deren Stimme zu hören. Mehr noch, jeder Mensch hat sie bereits gehört, sie aber vielleicht nicht als solche erkannt und ihr nicht vertraut. Möglicherweise wollte er ihrem Rat wegen der verlockenderen Stimmen von Kopf, Herz und Bauch nicht folgen oder wurde vom Unbewussten davon abgehalten.

→ Ich erinnere an dieser Stelle nochmals daran, dass ich «Seele» nicht in einem engen religiösen oder spirituellen Sinn verstehe, sondern einfach als das Höhere in uns.

Doch wir alle haben schon einmal eine Eingebung oder eine Vorahnung erfahren, eine innere Mitteilung oder eine Warnung über ein bevorstehendes Ereignis, eine zu treffende Entscheidung. Auch reden oder verhalten wir uns manchmal unüberlegt und beinahe ungewollt in einer Weise, die nicht unserer gewohnten entspricht, und wundern uns darüber. Oder Worte kommen uns unbedacht über die Lippen und wir denken erstaunt: «Ich weiß nicht, warum ich das gesagt habe» oder «Ich habe keine Ahnung, woher ich das weiß». Ferner kennen wir Situationen, in denen wir in etwas getrieben werden und spüren, keine Wahl zu haben, es einfach tun zu müssen, und mitunter dann sogar entgegen jeder Vernunft und Vorsicht handeln. Viele dieser Phänomene können wir der Seelenstimme zuschreiben. Sie ist es, die uns auf dem Lebensweg leiten, uns an Erfahrungen heranführen, unsere Entscheidungen in die Richtung lenken will, die gut für uns ist, und uns warnt, falls wir uns zu unserem Nachteil verhalten.

Treffender als Sokrates in einem Satz kann ich es nicht formulieren: «Es ist eine Stimme, die sich dann hören lässt, wenn sie mir von etwas abraten will; zugeredet hat sie mir noch nie.» Die Seelenstimme meldet sich tatsächlich unaufgefordert, nicht nur, aber vor allem dann, wenn wir im Begriff sind, das Falsche zu denken, zu sagen oder zu tun. Sie meldet sich nicht explizit, um uns zu bestätigen: «Es ist alles in Ordnung, weiter so!». Zuweilen lässt sie uns aber eine Sicherheit oder Gewissheit empfinden, dass alles gut und richtig ist. Im Umkehrschluss bedeutet dies: Solange wir nichts hören, dürfen wir davon ausgehen, die Seele billige, was wir gerade denken, sagen oder tun.

Ich höre Ihr «Ja, aber…»: Wie kann ich mir denn sicher sein, ob meine Seele tatsächlich nichts zu bemängeln hat oder ob ich sie bloß nicht höre? Hundertprozentige Gewissheit gibt es nicht. Am Anfang wird diese Verunsicherung auftreten, das ist normal, doch mit der Zeit lernen Sie und legen sie ab. Es ist wie bei allem, was Sie neu lernen: Denken Sie nur daran, wie zögerlich ein kleines Kind bei den ersten Schritten ist oder wenn es das Lesen lernt. Aber mit ein bisschen Übung verschwindet die Unsicherheit im Nu und das Kind läuft und hüpft und liest ganze Bücher. Zudem: Haben Sie eine andere Wahl? Uneingeschränkt auf Kopf, Bauch, Herz und Unbewusstes hören, ist nicht sinnvoll, wie Sie gesehen haben. Es geht hier darum, dass Sie sich selbst vertrauen, sich zutrauen, die Seelenstimme im richtigen Moment zu hören, und sich trauen, das zu sagen und zu tun, was Sie in sich spüren.

Das nächste «Ja, aber…»: Wie kann ich mir denn sicher sein, dass die Stimme, welche ich für die Stimme der Seele halte, nicht aus einer anderen Quelle stammt, aus dem Herzen, dem Bauch, gar aus einer unbewussten Tiefe? Auch hier lautet die Antwort: Hundertprozentig sicher können Sie sich nicht sein. Zumal die anderen Stimmen lauter sind, sich gern vordrängen und keine Ruhe geben. Da diese Frage nicht wissenschaftlich exakt beantwortet werden kann, bleibt Ihnen nichts anderes übrig, als jeweils den Versuch zu wagen und auf die Stimme, die Sie für diejenige der Seele halten, zu hören und ihr zu vertrauen. Je öfter Sie es tun, desto schneller lernen Sie, diese wahrhaftige Stimme von anderen, irreführenden abzugrenzen. Zudem gibt es Kriterien, die Ihnen bei der Unterscheidung helfen, nämlich die typischen Merkmale der Seelenstimme und der anderen Stimmen in Ihnen.

1. Die «Sprache» der Seelenstimme

Die Seele macht sich auf mehrere Arten bemerkbar, nur nicht in deutlichen Worten. Vernehmen wir eine «richtige» Stimme, die uns konkret zu etwas auffordert, sollten wir äußerst misstrauisch sein, denn dies kommt, wie bereits erwähnt, vor allem bei einigen psychischen Erkrankungen vor, etwa bei der Schizophrenie.

Die subtile Sprache der Seelenstimme ist hingegen in der Regel wortlos, nicht einheitlich und eindeutig. Deshalb ist sie zum einen nicht leicht zu hören und zum andern, selbst wenn wir etwas wahrnehmen, nicht immer zweifelsfrei von anderen Stimmen in uns – des Kopfs, des Bauchs, des Herzens, des Unbewussten – zu unterscheiden. Ihre «Sprache» zu verstehen, kann man indes üben, kennt man einmal ihre Eigenheiten. Die Fortschritte sind dabei beachtlich: Die ersten Versuche fallen zwar unsicher, zaghaft, bescheiden aus und bestehen in einem bewussten Bemühen, aufmerksam und achtsam zu sein; doch je häufiger wir die Seelenstimme erkennen und ihr vertrauen, desto deutlicher spricht sie. Umgekehrt wird sie leiser und leiser, missachten wir sie. Die folgenden Leitsätze sollen Ihnen ein Gespür dafür vermitteln, wie sich die Seelenstimme *unaufgefordert* meldet.

- Sind wir im Begriff, etwas zu denken, zu sagen oder zu tun, das die Seele nicht gutheißt, meldet sie sich in Form eines leichten Unbehagens, man kann es auch als eine Art innere Disharmonie oder Dissonanz empfinden; das haben wir alle schon erlebt, doch meistens beachten wir es nicht, zumal es nur kurz auftritt, eine, zwei Sekunden, und gleich wieder verschwindet.
- Ein ungutes Gefühl ist eine deutlichere Form; hierbei sollten wir jedoch sorgfältig prüfen, ob es nicht etwa von Angst begleitet wird, weil es sich dann um eine Stimme aus dem Unbewussten handelt, vielleicht auch aus dem Bauch oder dem Herzen. Im Zweifelsfall scheint es indes ratsam, dieses Gefühl ernst zu nehmen, es hat schon manche Menschen vor Unheil bewahrt.
- Die Unlust oder Unentschlossenheit, etwas zu tun, kann ebenfalls ein Hinweis der Seele sein, es besser bleiben zu lassen; durch Ehrlichkeit uns selbst gegenüber müssen wir aber ausschließen, dass das Ego mit seiner Trägheit, Nachlässigkeit oder Angst dahintersteckt.
- Durch Wachsamkeit und das wiederholte Hören auf die Seelenstimme entwickelt sich in uns eine Art Warnsystem, vergleichbar mit einer roten Warnleuchte im Auto: Etwas in uns «flackert» auf, wir spüren es, empfinden es tatsächlich als ein «Stopp!», wenn wir im Begriff sind, etwas zu denken, zu sagen oder zu tun, das nicht dem Willen der Seele

entspricht. Das Ego reagiert jeweils schnell und listig, beispielsweise mit Angst oder mit überzeugenden Argumenten des Verstands, warum wir das Warnsignal überhören sollen. Doch selbst dann haben wir die Möglichkeit, dem Ego «Nein!» zu sagen. Allzu oft nutzen wir sie leider nicht.

• Obwohl die Seelenstimme in der Regel schweigt, wenn sie nichts einzuwenden hat, schenkt sie uns manchmal während des Denkens, Redens oder Handelns ein Gefühl der Sicherheit, Zuversicht, Klarheit, wir *wissen* einfach, dass wir es richtig machen. Dazu gehören auch die Situationen, in denen wir einen Antrieb spüren oder etwas ganz selbstverständlich tun oder sagen, ohne nachzudenken, wenn es von selbst oder wie von innen kommt. Der Verstand beginnt daraufhin gern, diese Gewissheit zu hinterfragen, und versucht möglicherweise, sie mit Argumenten zu widerlegen.

• In diesem Kontext will ich ausdrücklich darauf aufmerksam machen, dass die Seelenstimme sich selbstverständlich *nicht* meldet, handeln wir bewusst, willentlich – in juristischem Sinn *vorsätzlich* – unrecht, falsch, böse. Wieso sollte sie? Wir wissen ja, was wir tun! Missverstehen wir dieses Schweigen also niemals als Billigung der Seele.

2. Abgrenzung zu anderen Stimmen

Außer der Stimme der Seele melden sich allerlei andere Stimmen ungefragt. Sie stammen aus dem Kopf, dem Herzen, dem Bauch oder dem Unbewussten, oft kann man sie nicht genau zuordnen. Es sind jedenfalls alles Stimmen des Ego. Das Ego, gewissermaßen der Gegenpol zur Seele, will ich nicht als etwas durch und durch Negatives verstanden wissen, es ist nicht mit Egoismus gleichzusetzen. Es verfolgt nicht ausschließlich niedrige Ziele, sondern kann durchaus Edelmut und Altruismus an den Tag legen. Aber es stellt nach der Definition, auf der meine Erörterungen in diesem Buch basieren, das Unvollkommene in uns dar, das zwar teilweise hilfreich – siehe das Kapitel über die Leistungen von Kopf und Bauch –, aber natürlich nicht unfehlbar ist. Nur die Seele kann uns zuverlässig und direkt zur Entwicklung des Bewusstseins und somit zur anhaltenden Zufriedenheit führen. Indirekt trägt das Ego sehr wohl dazu bei, indem es uns Stolpersteine in den Weg legt, und wir durch das Stürzen und Wiederaufstehen lernen. Dennoch sollte es unser Ziel sein, erst gar nicht zu stolpern! Die tabellarische Gegenüberstellung der Eigenschaften der Stimme der Seele und derjenigen des Ego und die nachfolgenden Erläuterungen tragen dazu bei, dass Sie ein Gespür dafür entwickeln und sicherer unterscheiden.

Stimme der Seele		Stimmen des Ego
Leise, undeutlich, kurze Empfindung, augenblicklich	A	Laut, deutlich, kreisende oder wiederkehrende Gedanken
Innere Ruhe, Sicherheit, Gelassenheit	B	Unruhe, Verwirrung oder Ratlosigkeit, Anspannung
In der Regel nicht mit Worten (außer manchmal ein klares Ja oder Nein oder einzelnes Wort), keine Begründungen und Erklärungen	C	Durch den Verstand rationale Argumentation in Form von Gedanken; auch Begründung gegen bereits getroffene Entscheidungen
Nicht von Emotionen begleitet (unmittelbar nachher können diese jedoch aufkommen)	D	Begleitet von Emotionen wie Leidenschaft, Sehnsucht, Ärger, Angst, Eifersucht, exzessive Freude, …
Unmittelbar keine Angst oder Zweifel (nachher beim Nachdenken können diese aber aufkommen)	E	Eventuell geprägt von Angst, Sorge oder Bedenken, generell von Zweifeln
Kann sich als starken Antrieb äußern, «lässt keine Wahl», aber immer begleitet von innerer Ruhe; es fühlt sich gut und richtig an	F	Empfindung von Getriebensein, von «keine Wahl haben», begleitet von Rastlosigkeit und eventuell von der Empfindung, fremdbestimmt zu sein

Detaillierte Erläuterungen

Zu A – Seele: leise, undeutlich, kurze Empfindung, augenblicklich • Ego: laut, deutlich, kreisende oder wiederkehrende Gedanken

Sind wir im Begriff, etwas zu denken, zu sagen oder zu tun, das nicht gut für uns ist, meldet sich die Seelenstimme stets sofort, aber nur kurz, einen Augenaufschlag lang, jeweils in einer ihrer →«Sprache» eigenen Weise.

→ Zu den verschiedenen Möglichkeiten, wie sich die Seelenstimme bemerkbar macht, siehe auch Abschnitt 1 «Die Sprache der Seelenstimme», Seite 50 ff.

Unmittelbar danach können Gedanken – darum handelt es sich und nicht um den «wortlosen» Hinweis der Seele – aufkommen. Diese dürfen nicht als zusätzliche Äußerungen der Seelenstimme missverstanden werden: Ausschließlich die allererste Botschaft stammt aus der Seele, alles Folgende aus dem Ego. Der Verstand, der im Übrigen auch der Diener des Herzens und des Unbewussten sein kann, versucht mit diesen Gedanken, uns vom richtigen Weg abzubringen, weil Kopf, Herz oder Unbewusstes diesen aus den verschiedensten Gründen nicht gehen wollen: oft aus Angst, namentlich der Angst, einen Fehler zu machen und dafür von Mitmenschen verurteilt zu werden, oder Verlustangst, Angst vor Konsequenzen und weiteren uns bewussten und unbewussten Ängsten. Der andere wichtige Grund für die Einmischung des Ego liegt darin, dass es nicht auf Lust und Genuss verzichten will, wie es die Seelenstimme zuweilen zugunsten einer länger anhaltenden Zufriedenheit fordert. Das Ego kümmert es nicht, ob wir für diesen Genuss später einen (hohen) Preis bezahlen müssen.

Deshalb geben die Egostimmen auch nicht so schnell auf, die Gedanken lassen uns keine Ruhe, kreisen hartnäckig in der immer gleichen oder einer ähnlichen Form oder bringen laufend neue Argumente ins Spiel (siehe dazu auch B und C/D). Wenn das Ego etwas will, ist es so quengelig wie ein kleines Kind, dem die Mutter im Supermarkt die Süßigkeiten oder das Spielzeug nicht kaufen will.

Zu B – Seele: innere Ruhe, Sicherheit, Gelassenheit • Ego: Unruhe, Verwirrung oder Ratlosigkeit, Anspannung

Die Stimme der Seele hat es nicht nötig zu quengeln. Wie eine weise Freundin sagt sie uns, was sie zu sagen hat, und überlässt es dann unserem freien Willen, ob wir den Rat befolgen wollen oder nicht. Darum ist die Seelenstimme stets ruhig und friedvoll und wir fühlen uns dabei sicher und gelassen.

Das Ego hingegen ist bestrebt, seinen Willen um jeden Preis durchzusetzen: Abgesehen von den unruhigen, kreisenden Gedanken sind wir je nach Situation aufgewühlt oder aufgedreht, ja überdreht, angespannt, unsicher oder ratlos, jedenfalls ist da keine Spur von Gelassenheit.

Zu C und D – Seele: in der Regel nicht mit Worten, keine Begründungen und Erklärungen; nicht von Emotionen begleitet • Ego: Argumentation in Form von Gedanken, auch Begründung gegen bereits getroffene Entscheidungen; begleitet von Emotionen wie Leidenschaft, Sehnsucht, Ärger, Angst, Eifersucht, exzessive Freude, …

Die Seele rechtfertigt ihre Ratschläge nicht. Entweder wir vertrauen ihr oder wir vertrauen ihr nicht, sie will nicht überreden, sie respektiert unseren freien Willen. Daher spricht sie nicht in Worten mit uns, wie der Verstand es tut, sondern in ihrer eigenen «Sprache». Wir vernehmen bestenfalls ein Ja oder Nein oder ein klares, einzelnes Wort; meistens ist es aber bloß ein sicheres Wissen ohne Worte.

Der Verstand hingegen bringt, getreu seiner Funktion und oft im Auftrag der anderen Ego-Elemente, →rationale Argumente vor, er diskutiert mit uns, versucht uns davon zu überzeugen, er habe recht, wenn nicht gar zu überreden. Auch dann, wenn wir spontan aus der Seele heraus eine Entscheidung – die richtige – bereits getroffen haben, gibt er nicht auf. Mir kommt er manchmal vor wie Eltern, die einfach nicht akzeptieren wollen, dass ihr erwachsenes Kind eine andere Wahl als ihre bevorzugte getroffen hat, und es nicht müde werden, dagegen zu argumentieren.

→ Einige Tipps, wie Sie die Gedanken und Emotionen zum Schweigen bringen, finden Sie auf Seite 62.

Emotionen, angenehme wie unangenehme, sind das vielleicht deutlichste Zeichen, dass die Stimme, mit der sie einhergehen, aus dem Ego stammt. Wie gesagt, die herausragende Eigenschaft der Seele ist eine gesetzte Ruhe und Gelassenheit, Gewissheit, eine stille Zufriedenheit; jegliche Art der Erregung ist ihr fremd. Da die Äußerung der Seele jedoch nur augenblicklich und kurz erfolgt und unmittelbar danach häufig Emotionen aus dem Ego auftreten, mitunter starke Emotionen, kann es vorkommen, dass wir die ursprüngliche kurze Sicherheit aus der Seele «vergessen» und daran zu zweifeln beginnen, diese überhaupt empfunden zu haben. Ein Beispiel soll dies verdeutlichen.

Ich beschließe, mich von meinem Partner zu trennen. Im exakten Moment dieser Entscheidung empfinde ich kein Unbehagen, die Seelenstimme schweigt, weil ich offenbar die gute Entscheidung getroffen habe, und ich spüre kurz die Gewissheit in mir, das Richtige zu tun. Unmittelbar danach tauchen jedoch Emotionen auf: Bedauern um der früheren schönen Zeiten willen, Leidenschaft in Erinnerung an den guten Sex, die Sehnsucht nach Zweisamkeit, das schlechte Gewissen dem Partner gegenüber. Der Verstand trägt dann mit seinen Argumenten zusätzlich zur Verunsicherung bei: Zukunftsangst wegen allem, was auf mich zukommt, etwa eine neue Wohnung suchen, finanzielle Einbußen, Kinderbetreuung, die Verurteilung durch Freunde und Familie. Zum einen hängt das Herz an der Liebe – oft eher an einer idealisierten Erinnerung – und zum andern gibt der Verstand zu bedenken, es sei keine kluge Entscheidung, mich zu trennen, ich soll noch abwarten. Und so schlimm sei das Zusammensein mit meinem Partner nun auch wieder nicht, meint er.

Dabei geht die erste Empfindung der Ruhe und Sicherheit beim Entschluss zur Trennung verloren, ich vergesse sie und lasse mich auf das Ego ein. Und so vergehen weitere Jahre in einer Beziehung, die mich nicht glücklich macht.

Diese exemplarische Beschreibung ist typisch dafür, wie Herz und Verstand, je nach Situation auch mit der Unterstützung des Bauchs und der im Unbewussten gespeicherten Ängste, Gebote, Verbote, Urteile und Normen, zusammenwirken und machtvoll verhindern, dass wir auf die Stimme der Seele hören.

Zu E – Seele: unmittelbar keine Angst oder Zweifel • Ego: eventuell geprägt von Angst, Sorge oder Bedenken, generell von Zweifeln

Allgemein gesprochen würde ich den Zweifel als die Ursache mancher verhängnisvoller Tatenlosigkeit bezeichnen, gleichzeitig aber auch als die Rettung vor mancher verhängnisvollen Tat. Einmal nach Nietzsche: «Sobald ihr handeln wollt, müsst ihr die Tür zum Zweifel verschließen» und einmal nach Voltaire: «Der Zweifel ist ein unangenehmer Zustand, aber die Gewissheit ist lächerlich.»

Nicht alles gleich für bare Münze nehmen, nicht jedem dahergelaufenen Berater vertrauen, ist sicherlich eine vernünftige Einstellung – im äußeren Leben. Aber die Seele ist nicht irgendein dahergelaufener Ratgeber. Haben wir ihre Stimme vernommen, dürfen wir ihr blind vertrauen und uns nicht von nachträglich aufkommenden Zweifeln abhalten lassen. Wie bereits unter Abschnitt C/D erläutert, ist es eine übliche Reaktion des Ego, unter anderem mit Angst aufzuwarten. Angst, eine «falsche» Entscheidung zu treffen, jemanden zu verletzen, Angst vor Konsequenzen, und es ist verständlich, dass wir Bedenken haben und zweifeln. Doch wie gesagt, je häufiger wir der Seelenstimme vertrauen und feststellen, wie gut ihr Rat für uns war, desto sicherer fühlen wir uns und desto weniger lassen wir die anderen Stimmen zu Wort kommen. Das Risiko, in der ersten Zeit auch einmal einer falschen Stimme zu gehorchen, dürfen wir getrost eingehen – wir lernen schnell daraus, und die korrekte Unterscheidung wird immer zuverlässiger.

Aus meiner eigenen Erfahrung kann ich Ihnen versichern, dass Sie es nach einer Weile des Übens einfach *wissen* werden, wenn es die Seele ist, die zu Ihnen spricht. Spüren Sie Zweifel, dann handelt es sich nicht um die Seele.

Zu F – Seele: starker Antrieb, «lässt keine Wahl», aber immer begleitet von innerer Ruhe; es fühlt sich gut und richtig an • Ego: Empfindung von Getriebensein, von «keine Wahl haben», begleitet von Rastlosigkeit und eventuell von der Empfindung, fremdbestimmt zu sein

Die Empfindung, in etwas getrieben zu werden, dem wir uns nicht entziehen können, ist vermutlich allen vertraut. Die Seelenstimme äußert sich manchmal tatsächlich als gewaltigen Antrieb bis dahin, keine Wahl zu haben. Aber ich betone es nochmals: *ohne Worte*, es handelt sich um die innere Gewissheit, nicht um einen ausgesprochenen Befehl.

In analoger Weise kann sich das Ego manifestieren. Es ist dann aber ein eher unangenehmes Getriebensein, ein rastloses, vielleicht gar gehetztes. Von einem Bekannten habe ich einmal die Formulierung gehört, er fühle sich wie besessen, als sei es nicht etwas Eigenes, sondern eine fremde, dominante Macht in ihm, die ihn dazu dränge.

Der Antrieb, der von der Seele ausgeht, fühlt sich immer positiv an, wir spüren, dass es gut und richtig ist, empfinden Ruhe und Sicherheit. Zumindest *im ersten, unmittelbaren Augenblick*; wie danach das Ego die Herrschaft zu übernehmen versucht, habe ich ausführlich erläutert.

Weitere Anmerkungen

Im normalen Alltag wird es Ihnen schon bald nicht mehr schwerfallen, die wahre Seelenstimme von all den irreführenden des Ego zu unterscheiden. Es gibt jedoch Lebenssituationen, in denen wir die Stimme der Seele nicht wahrnehmen.

Eine davon ist ein psychischer Ausnahmezustand. Dieser kann beispielsweise beim Tod eines geliebten Menschen eintreten, wenn in uns nichts mehr funktioniert, vor allem nicht der Verstand, weil die dominante Trauer alles überlagert. Auch andere Gefühle können uns dermaßen intensiv überfluten, etwa die Sorge um ein drogenabhängiges Kind, im Fall einer ernsten Diagnose oder bei krankhafter Eifersucht dem Partner gegenüber, sodass wir taub werden für die Seelenstimme – die gerade in solchen Situationen am besten helfen könnte.

Ähnlich verhält es sich bei starken körperlichen Leiden, wenn sich jeder Gedanke nur um den Schmerz dreht, jede Empfindung nur Schmerz ist.

Die Todesangst oder eine Panik, sei es bei einer realen, sei es bei einer bloß eingebildeten Lebensgefahr, vermag bekanntlich den Verstand auszuschalten. Und da ist auch kein Ohr mehr, um der Stimme der Seele zu lauschen, die uns leise den Ausweg zeigen möchte. Es herrscht nur noch der Instinkt, der uns vornehmlich zur Flucht oder zum Kampf treibt.

Abschließend scheint es mir noch wichtig zu erwähnen, dass die Seele niemals Einfluss auf den Lebensweg unserer Mitmenschen nehmen will. Versuchen wir also, andere zu manipulieren oder unserem Willen zu unterwerfen, werden wir dazu immer von einer Stimme des Ego verleitet.

Nehmen Sie jetzt die Übungsaufgabe auf den Seiten 60/61 in Angriff und bleiben Sie dabei, bis Sie die Seelenstimme vernehmen und diese einigermaßen sicher von den anderen Stimmen unterscheiden. Ich kann Ihnen nicht sagen, wie lange Sie dafür brauchen, das ist individuell – vielleicht hören Sie sie gleich am ersten Tag und mehrmals, vielleicht dauert es ein paar Tage, eine Woche oder länger. Hören Sie nichts, liegt es ja nicht zwangsläufig an fehlender Achtsamkeit; es bedeutet möglicherweise nur, dass Ihre Seele Ihnen gerade nichts zu sagen hat, weil Sie alles richtig machen oder es keine Rolle spielt, ob Sie so oder anders handeln.

Lassen Sie sich auf keinen Fall entmutigen! Versteifen Sie sich auch nicht darauf, unbedingt «etwas» hören zu wollen. Allein durch Ihre Beschäftigung mit diesem Thema und die Bereitschaft, sich auf die Seelenstimme einzulassen, wird sie sich früher oder später deutlich genug melden.

Und in dem Augenblick werden Sie – vielleicht etwas erstaunt – mit Sicherheit wissen: Ja, das ist meine Seele, die mit mir spricht!

Übung zur Wahrnehmung der Seelenstimme

Nehmen Sie für einige Tage, eine Woche oder länger bewusst jede Gelegenheit wahr, Ihre Seele zu Wort kommen zu lassen. Sie brauchen dazu mehr Achtsamkeit: Seien Sie immer bei der Sache, die Sie gerade im Begriff sind zu tun, und nicht anderswo in Gedanken.

Beispiele zur Veranschaulichung

• Sie bekommen Hunger oder Lust, etwas zu essen. Bestimmt folgt gleich ein Gedanke, was Sie gern möchten, vielleicht auch erst beim Blick in den Kühlschrank oder im Restaurant auf die Speisekarte. Achten Sie in diesem exakten Augenblick auf Ihre innere Wahrnehmung. Regt sich etwas in Ihnen wie ein leichtes Unbehagen, ein ungutes Gefühl, ein Widerwille, Unlust oder Ähnliches?

– Nein? Dann hat Ihre Seele nichts gegen Ihre Wahl einzuwenden.

– Ja? Dann sollten Sie Ihre Wahl ändern.

– Meldet sich die Seelenstimme beim Gedanken an die Alternative ablehnend, ändern Sie Ihre Wahl nochmals. Vielleicht horchen Sie aber auch kurz in sich hinein und spüren, was das Richtige ist.

• Sie wollen mit dem Auto an einen Ort fahren, an dem es schwer ist, einen Parkplatz zu finden. Falls Sie die Wahl zwischen verschiedenen Plätzen haben, entscheiden Sie sich schon vor dem Losfahren ohne Nachzudenken für einen und achten Sie in diesem exakten Augenblick auf Ihre innere Wahrnehmung. Vielleicht spüren Sie die Gewissheit, dass dort ein freier Parkplatz auf Sie wartet (das erfahre ich regelmäßig!), oder sie spüren gar nichts. Dann ist es die richtige Wahl. Regt sich hingegen in Ihnen ein leichtes Unbehagen?

– Dann sollten Sie Ihre Wahl ändern.

– Spüren Sie auch bei der zweiten Wahl ein Unbehagen? Dann ändern Sie die Wahl nochmals, sofern es möglich ist.

– Andernfalls lassen Sie sich einen neuen Gedanken durch den Kopf gehen, beispielsweise: «Ich fahre zehn Minuten später los.» Meldet sich die Seelenstimme nicht, so versuchen Sie es. Ist sie auch damit oder weiteren Vorschlägen Ihrerseits nicht einverstanden, dann ist es an diesem Tag zu dieser Zeit vielleicht schlichtweg unmöglich, einen Parkplatz zu finden – wechseln Sie auf den ÖV, verzichten Sie ganz auf Ihr Vorhaben oder nehmen Sie eine längere oder weiter entfernte Parkplatzsuche gleichmütig in Kauf.

• Sie sitzen vor dem Fernseher und wollen sich einen bestimmten Film ansehen. Ein Unbehagen meldet sich in dem Moment, in dem Sie die Entscheidung treffen oder den entsprechenden Sender wählen. Dann sollten Sie darauf verzichten – vielleicht läuft anderswo eine interessantere Sendung, vielleicht ist der Film für Sie nicht gut, vielleicht sollten Sie besser wieder einmal ein Buch lesen, …

- Sie sind mit einem Freund verabredet. Bevor Sie sich zum Treffen aufmachen, spüren Sie die Unlust hinzugehen – rational völlig unbegreiflich, da Sie den Freund mögen, ihn vielleicht lange nicht gesehen haben. Der Verstand oder das Herz sagt Ihnen sofort, dass Sie nicht absagen können, das sei unhöflich, zumal es zu kurzfristig sei, dass es keinen Grund gebe, unwillig zu sein, Sie bloß launisch seien. Dennoch sollten Sie absagen, und sei es im letzten Moment. Vielleicht ist unterwegs ein Riesenstau, überhaupt kein Durchkommen mehr, sodass Sie mindestens zwei Stunden Verspätung hätten und der Freund gehen müsste, bevor Sie eintreffen; vielleicht hätten Sie einen Unfall auf der Hin- oder Rückfahrt; vielleicht ist es für den Freund besser, allein zu sein; vielleicht müssen Sie zu Hause bleiben, weil etwas anderes auf Sie zukommt. Es gibt unzählige Gründe, aber möglicherweise werden Sie nie einen erfahren. Das ist in der Tat auch nicht wichtig, wichtig ist nur, dass Sie Ihre Seelenstimme gehört und ihr vertraut haben. Es kann aber auch vorkommen, dass Ihr Freund anruft, bevor Sie es tun können, und das Treffen absagt (Ähnliches ist mir tatsächlich schon wiederholt passiert!); die Seelenstimme wollte Sie gewissermaßen vorwarnen, und sei es nur, um Ihnen eine Enttäuschung zu ersparen.
- Sie wollen ein Wellness-Wochenende buchen, es fühlt sich gut und richtig an. Eine Warnung der Seele spüren Sie nicht. Der Verstand meldet sich aber mit seinen rationalen Argumenten, es sei zu teuer, Sie hätten andere Pflichten. Hören Sie nicht auf ihn! Rät Ihnen die Seele nicht davon ab, ist es gut für Sie, sich dieses Wochenende zu gönnen, aus welchem Grund auch immer. Vielleicht lernen Sie einen wichtigen Menschen kennen, vielleicht tut es einfach nur gut. Sie brauchen das Ja der Seele nicht zu hinterfragen und nach Rechtfertigungen für sich selbst und/oder gegenüber anderen zu suchen.

Lassen Sie sich jeweils von den nach der Seelenstimme aufkommenden →Gedanken und Empfindungen des Ego nicht täuschen.

→ Einige Tipps, wie Sie unerwünschte Gedanken und Empfindungen loswerden, finden Sie auf der nächsten Seite.

Es gibt im Alltag unzählige Situationen, in denen sich die Seelenstimme melden kann. Oder eben nicht. Falls Sie nichts wahrnehmen, denken Sie ja nicht, Ihre Seele spreche grundsätzlich nicht mit Ihnen. Vermutlich hat Sie Ihnen bislang einfach nichts zu sagen gehabt! Bei den allermeisten Alltagssituationen ist es ja tatsächlich nicht wichtig, ob Sie dies oder jenes tun – und wie gesagt, die Seelenstimme meldet sich nur, wenn Sie etwas anders machen sollen als beabsichtigt. Bestimmt werden Sie sie hören, wenn es wirklich darauf ankommt.

Unerwünschte Gedanken und Empfindungen loswerden

Wie wir gesehen haben, sind es oft Gedanken aus dem Kopf, mehr oder weniger rationale, oder Empfindungen aus dem Herzen, die uns daran hindern wollen, auf die Seelenstimme zu hören. Diese Gedanken, inneren Dialoge und Empfindungen abzustellen, ist nicht einfach, oft kreisen sie und kehren immer wieder zurück.

Für die Übungen zum Wahrnehmen der Seelenstimme ist es nicht erforderlich, von *jeglichen* Gedanken und Empfindungen vollständig leer zu werden wie bei der →Meditation. Vielmehr sollen jene Gedanken und Empfindungen zum Schweigen gebracht werden, die Sie nach dem Hören der Seelenstimme bedrängen und umzustimmen versuchen.

→ Die Meditationstechniken können helfen, Gedanken und Empfindungen einzudämmen; siehe Anleitung auf Seite 62 f.

Ich stelle hier verschiedene Methoden vor, die Sie einzeln oder in Kombination anwenden können; finden Sie heraus, was Ihnen am leichtesten fällt und am besten hilft.

- Sagen Sie zu Gedanken und Empfindungen klar und bestimmt: «Nein! Ihr gehört nicht zu meiner Seele, weg mit euch!» und stellen Sie sich bildlich vor, wie sie aus Ihnen hinausgehen.
- Stellen Sie sich bildlich vor, wie der gegenwärtige Gedanke (oder die Empfindung) nicht «verweilt», sondern an Ihnen vorbeifliegt und Sie, wie ein Außenstehender, ihn nur kurz und emotionslos betrachten und dann ziehen lassen.
- Schreiben Sie quälende wiederkehrende oder hartnäckig ausharrende Gedanken auf einen Zettel und werfen Sie ihn dann bewusst in einer Art Ritual weg (in den Müll, ins Wasser, ins Feuer, …).
- Rezitieren Sie unaufhörlich ein Gebet, eine →Affirmation oder ein Mantra; Sie können auch das Einmaleins, Gedichte, Verbkonjugationen oder andere Texte, die Sie auswendig können, aufsagen.
- Richten Sie die ganze Aufmerksamkeit auf einen beliebigen Gegenstand in Ihrem Blickfeld und beschreiben Sie ihn sich gedanklich in den kleinsten Details (beispielsweise die Maserung eines Holztisches, die fein geaderten Blätter eines Zweigs, das bunte Display des Handys, ein Gemälde, …).

→ Die Anleitung für Affirmationen finden Sie auf Seite 68 f.

Allerdings sind Gedanken und Empfindungen hartnäckig und kommen gern zurück. Es ist überaus wichtig, sie jedes Mal von Neuem sofort abzustellen. *Sofort*, das ist entscheidend. Erlauben wir uns nämlich, dem ersten Gedanken oder einer Empfindung nachzuhängen, so geraten wir in ihren Strudel und schaffen es meistens lange nicht mehr, wieder daraus aufzutauchen.

3. Der Seele vertrauen, das Ego abweisen

Sie haben gelernt – und sind bestimmt immer noch daran –, die Seelenstimme zu vernehmen und sie von den anderen Stimmen zu unterscheiden. Offen bleiben zwei Fragen, die Sie sich vermutlich stellen:

- Wie gelingt es mir, der Seelenstimme auch dann zu vertrauen, wenn es nicht bloß um banale Alltagssituationen geht, sondern um etwas Wichtiges?
- Wie schaffe ich es, den Rat der Seelenstimme zu befolgen und mich nicht von den verlockenden Stimmen des Ego verführen zu lassen?

Die erste Frage kann ich philosophisch/psychologisch beantworten und hoffe, Sie davon zu überzeugen, dass Sie nichts zu verlieren haben, wenn Sie sich auf Ihre Seelenstimme verlassen, aber alles zu gewinnen. Etwas schwieriger wird es dann bei der zweiten Frage, dafür müssen Sie schon selbst einiges tun…

3.1 Es kann nichts passieren!

Obwohl wir dazu erzogen wurden, auf den Verstand und nicht auf vage Empfindungen zu hören, sind es nicht in erster Linie solche Zweifel, die uns daran hindern, der Seelenstimme bedingungslos zu vertrauen. Das größte Hindernis liegt in den Ängsten, die generell in Entscheidungssituationen aufkommen, umso stärker, je wichtiger die Angelegenheit für uns ist. Wir haben Angst, «falsch» zu entscheiden und zu handeln. Natürlich möchten wir die beste und nicht die zweitbeste Wahl treffen, zudem fürchten wir die Konsequenzen einer völlig «falschen» Entscheidung. Nicht zuletzt wollen wir aus Gewissensgründen dabei niemandem wehtun, was sich manchmal kaum vermeiden lässt, wenn wir auf uns selbst hören und den eigenen Weg gehen. Und, das sei hier nochmals betont, die Seelenstimme weist uns nicht immer einen bequemen, konfliktfreien Weg.

Nun, diese Ängste sind unbegründet. Die Folgen des Handelns hängen nämlich nicht direkt von uns ab. Wir gehen immer leichtfertig davon aus, es gebe einen Zusammenhang zwischen unserem Handeln und den Konsequenzen und wir könnten diesen auch erkennen und beeinflussen. Dem ist aber nicht so. Oder ist es Ihnen noch nie passiert, dass Sie etwas unbedingt wollten, alles dafür getan, sich die größte Mühe gegeben haben – und es trotzdem nicht geschafft? Und ist Ihnen noch nie etwas in den Schoß gefallen, wofür Sie keinen Finger gerührt oder höchstens einen minimalen Einsatz geleistet haben? Haben Sie noch nie Gutes getan und dafür Vorwürfe geerntet? Oder etwas Unrechtes, das von niemandem bemerkt und auch vom «Leben» nicht bestraft wurde?

Es ist eine unserer liebsten Illusionen, obwohl die Erfahrung uns laufend eines Besseren belehrt, dass wir mit Zielstrebigkeit, Willensstärke, Bemühen und Beharrlichkeit zu bestimmten Ergebnissen gelangen und dass →gute Taten belohnt und böse bestraft werden. Auch das Sprichwort «Jeder ist seines eigenen Glückes Schmied» suggeriert, wir hätten Macht über unser Schicksal. Das haben wir nicht.

→ Ein realistischer Blick auf das Weltgeschehen lässt uns tatsächlich daran zweifeln, dass es so etwas wie eine höhere Gerechtigkeit gibt; wer jedoch an ein Leben nach dem Tod glaubt, findet in den Religionen Erklärungen für die scheinbare Ungerechtigkeit. Was die Theorie des «Karma» betrifft, so habe ich darüber ausführlich geschrieben in meinem Buch «Karma Yoga – Auf dem sonnigen Weg durch das Leben», woraus auch dieser Absatz 3.1 teilweise stammt; Info Seite 99.

Natürlich können wir uns manchmal mit genug Durchsetzungsvermögen und Hartnäckigkeit – man darf es auch Verbissenheit nennen – zu einem anvisierten Ziel durchkämpfen, indem wir alle Hindernisse aus dem Weg räumen. Ist dieses Ziel jedoch für unsere innere Entwicklung von Nachteil, wird die nächste Lektion in der Lebensschule uns belehren. Was wir meinten, für unser Glück unbedingt erreichen zu müssen, stellt sich als zweischneidiges Schwert heraus: Es mag uns eine gewisse Befriedigung schenken, dafür bringt es «Nebenwirkungen» mit sich, die wir nicht in Betracht gezogen hatten, vielleicht nicht in Betracht ziehen *wollten*, und die uns letztendlich unglücklich machen. Oder wir erkennen möglicherweise, nachdem wir am angestrebten Ziel angekommen sind, dass es gar nicht so lohnend oder wichtig war; wir sind enttäuscht und ärgern uns, derart viel Energie und Zeit darin investiert zu haben. Oder das Erlangte wird uns wieder genommen. Solche Erfahrungen haben wir, blicken wir auf unser Leben zurück, alle schon gemacht.

Ich halte nochmals fest: Die Ergebnisse unseres Tuns stehen nicht in direktem Verhältnis zu unserem Willen oder Unwillen, unserem Bemühen oder unserer Nachlässigkeit, unserer Rechtschaffenheit oder unserem Fehlverhalten. Wie der chinesische Weise →Liä Dsi vor über zwei Jahrtausenden schon wusste:

→ Liä Dsi: Das wahre Buch vom quellenden Urgrund.

«Es kommt vor, dass jemand, dem sein Leben wertvoll ist, es trotzdem verliert; jemand, der es verachtet, doch nicht stirbt; jemand, der es liebt, dennoch nicht die Fülle erlangt; jemand, der es unwichtig nimmt, doch nicht Mangel leidet. Das scheint verkehrt, aber es ist nicht verkehrt; vielmehr kommt es daher, dass Leben und Tod, Fülle und Mangel auf sich selbst beruhen. – Es kommt aber auch vor, dass jemand, dem sein Leben wertvoll ist, es behält; jemand, der es verachtet, stirbt; jemand, der es liebt, die Fülle erlangt; jemand, der es unwichtig nimmt, Mangel leidet. Das scheint der gerade Lauf zu sein, aber es ist nicht der gerade Lauf; vielmehr kommt das ebenfalls davon, dass Leben und Tod, Fülle und Mangel auf sich selbst beruhen.»

Haben wir keinen Einfluss auf die Konsequenzen unseres Handelns, dann ist die Angst davor unsinnig. Ich bin mir durchaus im Klaren darüber, dass generell viele Ängste, die aus dem Unbewussten stammen, grundlos sind, dennoch quälen sie uns und wir scheinen machtlos dagegen zu sein. Es ist bestimmt eine der schwierigeren Lebensaufgaben, uns mit unseren Ängsten auseinanderzusetzen und diese loszuwerden, zumal viele auf einem Mangel an Selbstwertgefühl und Urvertrauen beruhen. Wie unerlässlich diese Eigenschaften für ein selbstbestimmtes, zufriedenes, glückliches Leben sind, behandle ich in diesem Buch nicht, da ich es bereits in →anderen Büchern ausführlich getan habe. An dieser Stelle will ich lediglich noch die beiden Einsichten erwähnen, die sich aus den obigen Erörterungen ergeben und die wir uns immer wieder in Erinnerung rufen dürfen, rät die Seelenstimme zu etwas, das uns Angst macht, oder rät sie von etwas ab, das wir zu wollen meinen:

→ Selbstwertgefühl und Urvertrauen sind das Thema meiner Bücher «Ich liebe mich selbst und mache mich glücklich» und «Ich liebe mich selbst 2»; Infos siehe Seite 99.

- *Ich bekomme immer das, was ich brauche und mir guttut.*

Unabhängig von meinem Streben und Bemühen wird mir gegeben, was meine innere Entwicklung fördert, und es wird mir genommen, was sie hemmt. Ich besitze nicht die Macht, etwas zu erreichen, das nicht für mich bestimmt ist.

- *Es kann mir nichts geschehen, was nicht gut für mich ist.*

Alles, was mir zustößt, verfolgt einzig den Zweck, mich zu lehren, mir neue Erkenntnisse zu vermitteln, meine innere Entwicklung zu fördern. Dabei sind alle und alles meine Lehrer in dieser Lebensschule. Kein Mensch, kein anderes

Lebewesen, keine Naturgewalt besitzt die Macht, mir etwas anzutun, falls es nicht sein darf und meinem individuellen Lernprozess zuwiderläuft. Und wie sehr ich auch versuche, etwas zu meiden oder zu fliehen, ich kann nichts abwenden, was für mich bestimmt ist.

Diese beiden Grundsätze gelten natürlich nicht nur für uns selbst, sondern ebenfalls für andere, das will ich hier explizit festhalten: Auch unsere Mitmenschen können nicht vermeiden, was für sie bestimmt ist, und bekommen stets, was sie brauchen. Daraus folgt: Wie Sie selbst auch handeln, es geschieht immer, was für alle Beteiligten gut ist. *Für alle.* Somit brauchen Sie keine Angst zu haben, jemandem etwas anzutun, wenn Sie Ihrer Seelenstimme folgen, und Gewissensbisse sind unbegründet. Außer, daran will ich nochmals erinnern, Sie handeln in vollem Bewusstsein unrecht oder böse, mit der Absicht zu verletzen oder zu schaden.

Abschließend noch ein Tipp. Um das Vertrauen in die Seelenstimme zu stärken, helfen auch Affirmationen; Sie finden die Anleitung dazu und einige geeignete Affirmationen auf den Seiten 68/69.

3.2 Den verlockenden Stimmen widerstehen

Nun komme ich zur zweiten eingangs gestellten Frage: Wie entkommen wir den Verführungen des Ego? Wie gesagt, der Weg, den die Seele uns jeweils weist, ist nicht immer der bequemste und unmittelbar problemloseste, obwohl er auf lange Sicht der beste ist. Deshalb können uns das Herz und erst recht die Triebe des Unbewussten mit angenehmeren Vorschlägen ganz schön in Versuchung führen!

Jetzt kommen Eigenschaften wie Willenskraft und Selbstdisziplin ins Spiel, wie sie in manchen Alltagssituationen erforderlich sind, etwa um dem Kuchen zu widerstehen, wenn wir auf Diät sind, die Trägheit und Faulheit zu überwinden, wenn wir keine Lust auf das Fitnesstraining haben, oder trotz Regen mit dem Hund spazieren zu gehen.

Ein Patentrezept dafür besitze ich nicht. Wir haben ja alle schon die Erfahrung gemacht, dass das Widerstehen einmal besser geht, fast ohne Anstrengung, und einmal trotz innerem Kampf erfolglos ist. Zuweilen hilft die Vernunft; nicht selten ist nämlich der Kopf ein Verbündeter der Seele gegen die Verführungen von Herz und Unbewusstem. In diesem Fall lohnt es sich, auf die Argumentation des Verstandes zu hören, wie sie in unserem Gehirn abläuft. Das Herz und das Unbewusste diskutieren in der Regel nicht, ihr Argument ist schlicht Lust oder Unlust, wir verspüren dann eine Art Ziehen, Angezogenwerden, Getriebensein in die Richtung, von der die Seelenstimme abrät und die uns in manchen Fällen auch der Verstand auszureden versucht. Oder eben einen Widerwillen, eine Ablehnung bis hin zur Abneigung gegenüber den Dingen, die unsere Seele und zuweilen auch der Verstand empfehlen.

Zudem, was Sie vielleicht erstaunen mag, ist das Nicht-Widerstehen-Können mitunter bloß eine «üble Gewohnheit», die sich im Lauf der Zeit in uns eingeprägt hat, wenn wir einer bestimmten Versuchung zu oft nachgegeben haben. Im Gehirn bildet sich dabei nämlich eine «Gedächtnisspur», die umso wirksamer wird, je öfter wir eine Verhaltensweise ausführen. Diese Gewohnheit lässt sich jedoch, wie andere unnütze oder hinderliche Gewohnheiten, auch wieder loswerden.

Ist es Ihnen einmal nicht gelungen, auf die Seelenstimme zu hören und einer Versuchung zu widerstehen, noch ein wichtiger Tipp: Seien Sie nicht frustriert, ärgern Sie sich nicht, machen Sie sich keine Vorwürfe und lassen Sie sich keinesfalls entmutigen. Denken Sie immer an eine meiner wichtigsten Lebensmaximen: *Es gibt keine Fehler, es gibt nur Erfahrungen.* Sie bekommen stets eine neue Chance.

Jedes Mal, wenn Sie sich gegen die Seelenstimme verhalten haben, werden Sie im Nachhinein erkennen, dass es keine gute Entscheidung war. Das wird Sie dazu anspornen und es Ihnen erleichtern, sich in Zukunft stärker gegen Versuchungen zu wehren. Und irgendwann wird es zur Selbstverständlichkeit, auf die Seelenstimme zu hören, sodass die anderen Stimmen gar keine Chance mehr haben.

Einige konkrete Anregungen, um eine Versuchungssituation zu überstehen und um schädliche Gewohnheiten loszuwerden, finden Sie auf den Seiten 70/71.

Affirmationen für das Vertrauen in die Seelenstimme

Bei Affirmationen handelt es sich um eine Form von Autosuggestion; interessiert Sie dieses Thema, finden Sie online auf Wikipedia einen guten Einstieg unter dem Stichwort: «Coué» (Emile Coué gilt als der Begründer der modernen Autosuggestion). Mit Affirmationen können Sie hinderliche Muster des Unbewussten durch neue Überzeugungen und Verhaltensweisen ersetzen, sodass Sie dann automatisch entsprechend handeln.

- Wählen Sie von den vorgeschlagenen Affirmationen eine aus, die Sie anspricht. Sie dürfen den Satz im Wortlaut auch ändern, wenn andere Begriffe Ihnen eher zusagen, oder sich eine eigene Affirmation ausdenken. Beachten Sie dabei zwei Grundregeln:
  – Bilden Sie keine verneinten Sätze (Sätze, in denen *nicht, nie, kein* und andere Verneinungen vorkommen) und keine mit Begriffen negativer Prägung. Formulieren Sie also nicht: «Ich habe keine Zweifel» oder «Ich zweifle nicht mehr». Sondern: «Ich vertraue meiner Seelenstimme». Bei negativen Begriffen entsteht in Ihnen eine (wenn auch nur unbewusste) ablehnende Emotion, was kontraproduktiv wirkt; Affirmationen sollen stets schöne, beglückende Dinge aussagen.
  – Die Affirmation muss den angestrebten Zustand in der Gegenwart und als Tatsache ausdrücken, nicht in der Zukunft oder als Wunsch. Sagen Sie also nicht: «Ich *werde/möchte* meiner Seelenstimme vertrauen». Sondern: «Ich *vertraue* meiner Seelenstimme».
- Wiederholen Sie am Abend unmittelbar vor dem Einschlafen die Affirmation zehn- bis zwanzigmal langsam und monoton wie eine Litanei, am besten halblaut, damit sie auch über das Gehör ins Unbewusste eingeht. Wenn Sie mögen, fahren Sie in Gedanken damit fort, bis Sie einschlafen. Am Morgen, gleich nach dem Aufwachen, tun Sie das Gleiche.
- Sie können die Affirmation selbstverständlich auch tagsüber überall und jederzeit rezitieren, etwa bei einem Spaziergang, beim Autofahren oder während des Kochens.
- Die gewählte Affirmation behalten Sie so lange bei, wie Sie wollen, eine Woche, einen Monat oder länger. Spüren Sie, dass sie ihre Aufgabe erfüllt hat oder Ihnen eine andere Affirmation besser zusagt, wählen Sie eine neue.

Das Rezitieren einer Affirmation ist im Übrigen auch ein probates Mittel, um kreisende Gedanken oder lästige Emotionen zum Schweigen zu bringen.

Affirmationen

• Ich vertraue meiner Seelenstimme, in jeder Situation •

• Ich vertraue in die Weisheit, Güte und Kraft in mir •

• Ich vertraue meiner inneren Weisheit •

• Alles ist in mir, ich will es erkennen •

• Ich bin offen für meine Intuitionen •

• Ich treffe Entscheidungen mit Freude und Zuversicht •

• Ich fühle mich in mir selbst geborgen •

• Ich bin absolut ehrlich zu mir selbst •

• Ich finde alle Antworten in mir selbst •

• Ich habe den Mut, ich selbst zu sein •

• Ich handle spontan und freimütig •

Versuchungen widerstehen

Der beste Tipp, den ich Ihnen dazu geben kann: Der Seelenstimme, kaum hat sie sich gemeldet, augenblicklich gehorchen und diese Entscheidung nicht hinterfragen, wenn möglich das «Schlachtfeld» verlassen, der Versuchung im wörtlichen Sinn aus dem Weg gehen, sie aus den Augen verlieren.

Die folgenden konkreten Maßnahmen können Sie sowohl in der unmittelbaren, akuten Situation der Versuchung als auch bei bloßen Gedanken daran anwenden.

- Schalten Sie die Gefühlsebene und das Unbewusste aus, indem Sie sich in Gedanken auf etwas Bestimmtes konzentrieren und intensiv dabei bleiben, und sei es nur das Aufsagen des Einmaleins oder das Konjugieren unregelmäßiger Verben in einer Fremdsprache.
- Machen Sie sich klar, wie unwichtig das Nachgeben und Genießen in Wirklichkeit ist: die kurze Befriedigung einer Lust oder Unlust, die schnell verblasst, ebenso schnell wie der Genuss eines köstlichen Essens, sobald man satt ist. Reicht die rationale Abwägung zwischen einem kurzen Vergnügen und den möglicherweise schwerwiegenden Folgen auch oft nicht aus, so dient eine (längere) mentale Auseinandersetzung mit den Trieben des Ego vielleicht dazu, dass Sie die Gelegenheit verpassen.
- Mit Überzeugung «Nein!» sagen: Um der Versuchung zu widerstehen, müssen Sie es wirklich wollen. Halbherzigkeit ist in diesem Fall gar nichts wert. Es hilft, ein Nein tatsächlich laut auszusprechen, zu sich selbst, oder zumindest in Gedanken mehrmals nachdrücklich zu wiederholen.
- Ein paar einfache psychologische →Tricks – mit erstaunlicher Wirkung! – anzuwenden, lohnt sich ebenfalls:

→ Einige dieser Tricks verdanke ich dem empfehlenswerten Buch «Warum Einstein niemals Socken trug» von Christian Ankowitsch.

– Redensartlich lassen wir etwas, das uns nicht interessiert, links liegen. Wenden Sie darum der Versuchung ihre linke Körperseite zu, dann wird das Ego sie als weniger anziehend betrachten und möglicherweise aufgeben.
– Auch Gesten wirken. Nehmen Sie eine abwehrende Haltung ein, sei es, dass Sie die Arme vor der Brust verschränken, die Hand zu einem Stoppzeichen vor sich erheben oder eine wegwerfende Bewegung in Richtung der Versuchung machen.
– Eine körperliche Abkühlung kühlt auch Emotionen ab: Halten Sie einen eisigen Drink (aber keinen enthemmenden alkoholischen!) in der Hand und trinken Sie ihn langsam oder setzen Sie sich, falls sich die Gelegenheit dazu bietet, der Kälte am offenen Fenster oder vor der Tür aus.

Willenskraft und Selbstdisziplin gegen Gewohnheiten

Ohne eine gesunde Portion Willenskraft und Selbstdisziplin lässt sich eine Gewohnheit meistens nicht überwinden. Doch es ist eine Illusion zu glauben, sie allein damit loswerden zu können. Denn das bedeutete zu kämpfen – und Druck erzeugt Gegendruck. Diese Erfahrung haben Sie bestimmt schon gemacht: Je mehr Sie sich gegen etwas wehrten, sich also auch gedanklich damit beschäftigten, desto mehr Kraft bekam es und desto aussichtsloser wurde Ihr Kampf.

Am erfolgreichsten sind Sie,

- wenn Sie für den Anfang harmlose Gewohnheiten hinterfragen, gewissermaßen als Übung, sodass Sie dann auch mit wichtigeren fertigwerden. Dazu müssen Sie diese Gewohnheiten erst einmal als solche erkennen. Unzählige Handlungen, die wir automatisch, gedankenlos ausführen, nehmen wir nämlich kaum wahr. Seien Sie im Alltag achtsam dafür und halten Sie dann jeweils einen Moment inne, um zu spüren, ob Sie es tatsächlich tun wollen. Beispiele:
  – Sie schalten immer ohne zu überlegen das Radio ein, sobald Sie heimkommen – spüren Sie, ob Sie wirklich Radio hören wollen;
  – Sie schauen oft auf die Uhr – spüren Sie jedes Mal, ob Sie die Zeit zu wissen brauchen;
  – Sie trinken nach dem Mittagessen immer einen Kaffee – spüren Sie jedes Mal, ob Sie überhaupt Lust darauf haben;
- wenn Sie die ehrliche Absicht haben, die schlechte Gewohnheit oder Eigenschaft loszuwerden, und ihr tapfer widerstehen, allerdings ohne Verbissenheit, ohne Kampf, nur mit dem steten, gleichmütigen Bemühen. Unter ehrlicher Absicht verstehe ich größte Entschlossenheit: Daran mangelt es uns manchmal, weil das Ego mit einer Eigenschaft gar nicht so unglücklich ist und ganz gern mit ihr lebt;
- wenn Sie schlechte Gewohnheiten oder Eigenschaften – anstatt dagegen anzukämpfen – bewusst und willentlich durch die entsprechenden guten ersetzen, beispielsweise Trägheit durch Geschäftigkeit, ungesundes Naschen durch eine gesunde Zwischenmahlzeit, Zaudern und Angst durch Tatkraft und Mut, …
- wenn Sie sich bewusst sind, dass das →Ergebnis nicht (nur) dem Ausmaß Ihrer Willenskraft zuzuschreiben ist. Deshalb besteht kein Grund zur Frustration, gelingt es Ihnen nicht sofort oder sogar lange nicht. Vielleicht ist der richtige Moment, diese Gewohnheit oder Eigenschaft abzulegen, noch nicht gekommen. Ebenso wenig ist das Gelingen ein Grund für Überheblichkeit (sie verleitet zu Leichtsinn!), aber einen gesunden Stolz, wenn Sie es geschafft haben, dürfen Sie durchaus empfinden.

→ Vergleiche Abschnitt 3.1, Seite 63 ff.

4. Spontaneität im Alltag

Nochmals kurz zur Erinnerung: Die Seelenstimme meldet sich jeweils von sich aus mit einer Art Unbehagen, Disharmonie, wenn wir im Begriff sind, etwas zu denken, zu sagen oder zu tun, das nicht gut ist. Aber auch wenn wir nichts spüren, lenkt uns die Seele: Sie tut es im Stillen und steuert unser Verhalten, ohne dass wir etwas davon merken, etwa bei den unzähligen Routine-Entscheidungen, die wir ständig fällen.

Was bedeutet das nun für unser Alltagsleben? Ein bisschen salopp ausgedrückt: Wir leben in den Tag hinein! Aber nein, wie ein Hans Guckindieluft sollen wir nicht durch die Welt wandern, dafür will ich mit meiner Aussage nicht plädieren. Selbstverständlich müssen wir uns über manches Gedanken machen, im Voraus planen und abwägen, wichtige Entscheidungen treffen. Aber doch nur, wenn solche Entscheidungen anstehen. Und das kommt ja eher selten vor. Den größten Teil des Alltags können wir einfach leben. *Könnten wir*, tun es aber viel zu selten. Vor allem im Kontakt mit Mitmenschen wägen wir oft unsere Worte ab und überlegen, bevor wir handeln. Dies aus Angst, jemanden vor den Kopf zu stoßen oder zu verletzen, von anderen für unser Tun ausgelacht, kritisiert oder verurteilt zu werden. Die Selbstkontrolle hindert uns daran, uns ganz natürlich zu verhalten, Impulsen zu folgen, und basiert auf unserer Unsicherheit, wie wir auf andere wirken und sie uns bewerten. Dem wiederum liegt ein Mangel an Selbstwertgefühl und/oder Urvertrauen zugrunde. Wie wir diese Eigenschaften aufbauen und stärken, habe ich in anderen Büchern ausführlich erläutert und gehe hier nicht darauf ein. Aber glauben Sie mir – nein, Sie brauchen es nicht zu glauben, Sie wissen es selbst: Das Leben ist leichter, freudiger, wenn wir uns so geben, wie wir sind, ohne uns immer zu kontrollieren, zurückzuhalten und Angst zu haben, wir könnten etwas «Falsches» sagen oder tun.

Über diese Angst müssen wir uns so lange willentlich hinwegsetzen, bis sie schließlich verschwindet. Die allgemeine Regel lautet: Wir folgen unseren Impulsen, handeln also *spontan* – sofern die Seelenstimme uns nicht bremst. Wie gesagt, das authentische, spontane Handeln wird ja ebenfalls von der Seele gelenkt, nur nehmen wir es nicht wahr. Das Risiko, dass wir sie auch einmal überhören und uns ein «Missgeschick» passiert, dürfen wir ruhig eingehen. Erkennen wir es im Nachhinein, lernen wir aus dieser Erfahrung, was wir aus der Theorie offenbar nicht hatten lernen können. Und mit jedem Mal fühlen wir uns sicherer.

Als kleine Kinder waren wir völlig spontan. Doch schon bald geht uns diese Eigenschaft, nicht zuletzt durch Erziehung, teilweise verloren; wir werden angepasster, geplanter, zögerlicher und vor allem berechnender. Bis zu einem gewissen Grad ist es ja richtig, uns «beherrscht» zu verhalten. Unangebracht wäre bei uns Erwachsenen in der Tat die kindliche ungefilterte Ehrlichkeit und Unverblümtheit, wie etwa ungewohnt aussehende Menschen auf der Straße anzustarren oder einer alten Frau zu sagen: «Du stirbst ja bald, bring dann bitte meiner Oma im Himmel meinen Plüschhasen zum Flicken mit!».

Die harmlose →Spontaneität sollten wir uns hingegen bewahren. Oder wieder lernen, sie lässt sich im Alltag nämlich durchaus einüben. Natürlich ist es nicht damit getan, uns zu sagen: «Jetzt sei doch mal ein bisschen locker!», wie wir es zuweilen zu hören bekommen. Am Anfang wird die «Spontaneität» nicht wirklich unbedacht sein, sondern vorsätzlich, wir zwingen uns gewissermaßen dazu. Auch wird es normal sein, dass im ersten Moment die innere Bremse uns davon abhält. Wichtig ist dann, es im zweiten Moment sofort nachzuholen, obwohl es nicht mehr echt spontan ist. Diese anfänglich kontrollierte Spontaneität wird je länger je mehr zu unserem gewohnten Verhalten werden, sodass wir irgendwann schon im ersten Moment immer authentisch und spontan agieren und reagieren. Vor allem nachdem wir festgestellt und begriffen haben, dass nichts Schlimmes passiert. Im Gegenteil, die Mitmenschen werden uns genau für diese Eigenschaft schätzen oder sogar bewundern. Und sollte es uns doch einmal jemand übelnehmen – davon geht die Welt nicht unter und wir selbst auch nicht. Missbilligung, Kritik oder eine Auseinandersetzung auszuhalten, ist ja auch eine äußerst wichtige Lektion im Leben, um die wir nicht herumkommen, wollen wir unser Dasein selbstbestimmt und zufrieden gestalten.

→ Auf den Seiten 78-85 finden Sie konkrete Übungen für Spontaneität im Alltag.

Gehen Sie das minimale Risiko ein, einmal in ein Fettnäpfchen zu treten, einen Fauxpas zu begehen, auch vielleicht einen Rüffel einzufangen, und staunen Sie, wie angenehm und einfach es ist, so locker und gelöst durch den Alltag zu gehen. Und wie selten Ihre Mitmenschen Sie dafür verurteilen, wenn Sie sich trauen, Sie selbst zu sein. Keine Angst, Ihre Seelenstimme wird Sie, wenn erforderlich, stets stoppen. Zudem wird es Ihnen immer seltener passieren, dass Sie Verletzendes, Unangebrachtes, «Falsches» sagen oder tun – sofern Sie Ihrer Seele mehr und mehr die Führung überlassen, ohne sich selbst «einzumischen» und zu kontrollieren. Spontan eben.

Noch eine Anmerkung. Spontan sein zu können, bedeutet nicht zwangsläufig, schlagfertig zu sein, eine Gabe, welche die meisten Menschen an anderen bewundern und selbst gern hätten. Wie andere Eigenschaften, beispielsweise eine musische Begabung oder ein Flair für Fremdsprachen, ist auch die Schlagfertigkeit nicht jedem gegeben, obwohl sie bis zu einem gewissen Grad erlernbar ist. Es geht bei der Spontaneität im Sinne der Seele jedoch nicht primär darum, stets eine witzige Bemerkung auf Lager zu haben oder Aussagen anderer souverän zu kontern; vielmehr bedeutet es, beim Reden und Handeln immer wir selbst zu sein, wie wir es in uns spüren, egal ob wir dabei geistreich oder eher nüchtern sind.

Wie gesagt, Spontaneität braucht am Anfang ein bisschen Mut. Deshalb will ich Sie noch auf zwei Aspekte aufmerksam machen, die möglicherweise dazu beitragen, dass Sie sich vor Ihrer Spontaneität nicht mehr fürchten.

4.1 Aufrichtigkeit als Hilfe

Spontan sein bedeutet in manchen Fällen, eine Aufrichtigkeit zu zeigen, die wir bei unserem gewohnt bedachten und kontrollierten Verhalten abblocken würden, unter anderem um jemandem nicht wehzutun – wie wir unsere Feigheit gern begründen. Für uns selbst ist Aufrichtigkeit demnach eine wichtige Eigenschaft, um Ängste zu überwinden und das Selbstwertgefühl zu stärken.

Die Aufrichtigkeit dient aber besonders auch den Mitmenschen: Wie sollen sie sich entwickeln, wenn niemand sie auf ihre Unzulänglichkeiten hinweist und keiner ihnen die Chance gibt, mit einer bitteren Wahrheit, mit Verletzungen umzugehen und daran zu wachsen? *Auf-richtig* sein bedeutet wörtlich: Mitmenschen durch unsere Worte oder Taten *aufzurichten*, während unser Schweigen und unsere Lügen sie →*erniedrigen* und weiterhin in der Unwissenheit unten halten.

→ Zur Erniedrigung siehe auch den nächsten Abschnitt 4.2.

In der Lebensschule lernen die Menschen ja tatsächlich dann am meisten, wenn sie in schwierige oder schmerzhafte Situationen geraten, die sie bewältigen müssen. Wir tun deshalb niemandem einen Gefallen, bewahren wir ihn davor, sich Unangenehmem zu stellen. Nur wer immer wieder mit solchen Situationen konfrontiert ist, kann und wird daran wachsen.

Seien wir uns dessen bewusst und vertrauen wir stets darauf: Alles, was wir spontan sagen oder tun, ohne dass die Seelenstimme uns davon abhält, ist für uns *und* für die Mitmenschen das Richtige. Für uns, weil wir der Spontaneität freien Lauf lassen und Vertrauen in die Seelenstimme beweisen. Es ist aber auch genau das, was dieser Mensch in der betreffenden Situation hören oder erfahren muss, zu seinem →Wohl, selbst wenn er es im Moment nicht erkennt und versteht.

→ Ich erinnere an die beiden Grundsätze, dass jeder immer bekommt, was ihm guttut, und nichts vermeiden kann, was für ihn bestimmt ist; siehe Seite 65 f.

Natürlich kann es passieren, dass Sie die Seelenstimme nicht rechtzeitig hören und Ihnen etwas «herausrutscht», eine blöde Bemerkung, eine harsche Kritik, eine verletzende Aussage, eine Beleidigung. Das ist mir anfänglich auch immer wieder einmal passiert. Entscheidend ist die Einsicht danach. Und diese bekommen Sie, keine Sorge: Sie spüren es sofort, wenn Sie etwas «Falsches» gesagt haben. Daraufhin können Sie sich entschuldigen, *müssen* Sie sich entschuldigen. Lassen Sie sich dabei aber nicht von Selbstvorwürfen und Schuldgefühlen quälen. Dazu haben Sie keinen Grund, denn niemand ist vollkommen, wir alle machen «Fehler». Zudem nützt diese Selbstzerfleischung dem anderen gar nichts. Hingegen tut es ihm gut, wenn Sie Ihr Unrecht eingestehen. Es ist ein Zeichen großer Stärke, ein Fehlverhalten zuzugeben und zu sagen: «Es tut mir leid, bitte verzeih mir.» Das wird von den Mitmenschen positiv gewertet und geschätzt.

Ich will hier aber in aller Deutlichkeit daran erinnern, ich kann es nicht oft genug wiederholen: Wir dürfen niemanden *mutwillig* verletzen, mit der Absicht, einen Schmerz oder einen Schaden zuzufügen. Dann wäre es eine ganz billige Ausrede vor uns selbst, würden wir es damit entschuldigen, die Seelenstimme hätte uns nicht aufgehalten.

Noch ein paar Worte zu den Lügen. Es kann tatsächlich vorkommen, dass uns eine Lüge spontan über die Lippen kommt und die Seelenstimme dazu schweigt. Dann war sie angebracht. Wie bei einem Bekannten von mir, der häufig geschäftlich auf Reisen war. Er schickte seiner überbesorgten Frau jeweils ein SMS, er sei gut am Ziel angekommen, obwohl er noch in einem Stau steckte. Dadurch wollte er ihr ersparen, sich noch ein paar Stunden länger um ihn zu sorgen. Er empfand es stets als richtig, aus Liebe zu lügen, und da er seine Seelenstimme normalerweise gut wahrnimmt, bin ich davon überzeugt, dass sie sein Verhalten billigte. Offenbar war für seine Frau der richtige Zeitpunkt noch nicht gekommen, sich mit ihrer Sorge auseinanderzusetzen und zu lernen, damit umzugehen.

In der Regel hält uns die Seelenstimme jedoch vom Lügen ab; sprechen – oder schweigen – wir spontan, so wird es das Wahre sein.

4.2 Den Menschen etwas zumuten

Halten wir uns zurück, etwas zu sagen oder zu tun, weil wir jemanden schonen wollen, so bedeutet dies im Grunde genommen, dass wir ihm nicht zutrauen, mit einer Situation fertigzuwerden, die für ihn leidvoll, schwierig oder konfliktgeladen sein könnte. Dadurch erniedrigen wir diesen Menschen. Versetzen Sie sich einmal in diese Lage: Sie merken oder vermuten, dass jemand Sie anlügt oder Ihnen etwas verschweigt, weil er Sie nicht verletzen will oder Sie ihm leidtun, wenn Sie in eine unangenehme Lage geraten. Wie fühlen Sie sich dabei? Wollen Sie, dass andere Ihnen das antun? Wohl kaum. Ist es nicht paradox, wenn wir Aufrichtigkeit erwarten – selbst hingegen zu feige dazu sind? Wir billigen den anderen nicht zu, was wir für uns beanspruchen, und offenbar schätzen wir sie so gering, dass wir ihnen nicht zumuten, mit einer Kränkung umzugehen.

Oft verhalten wir uns in dieser Weise jedoch nur, weil uns der Mut fehlt und wir selbst einen möglicherweise daraus entstehenden Konflikt scheuen. Da gibt es nichts zu beschönigen: Jemanden nicht verletzen zu wollen, ist vielfach nichts als eine Ausrede. Wir wollen vermeiden, eine Reaktion zu provozieren, die dann uns selbst wehtut. Zugegeben, das Verletzungsrisiko ist vorhanden, aber gerade dann haben wir die Chance, etwas zu lernen. Bedenken Sie auch, wie viele zwischenmenschliche Konflikte und Beziehungsprobleme auf Missverständnissen beruhen, die von Halbwahrheiten oder Verschwiegenem herrühren. Nicht wenige könnten wir vermeiden, ließen wir die Spontaneität fließen und sagten, was uns auf der Zunge liegt.

Dann gibt es noch einen weiteren Grund für unseren Unwillen, durch eine Äußerung oder ein Verhalten Schmerzen zuzufügen: Jemanden leiden zu sehen, tut *uns selbst* weh und *wir* ertragen es nicht. Es ist also die eigene Schwäche, die uns bremst, und unser Schweigen oder eine Lüge sind nichts anderes als ein Schutzmechanismus für uns selbst. Selbstverständlich ist es durchaus edel, den Mitmenschen nichts Unangenehmes oder Leidvolles zu wünschen und uns zu bemühen, nicht deren Ursache zu sein. Handeln wir aber gegen den Willen unserer Seele, weil der Schmerz des *anderen* gleichzeitig *unser* Schmerz ist, so liegt diesem Vermeidungsverhalten nicht nur Nächstenliebe zugrunde, vielmehr beruht es dann auch auf Egoismus.

Zusammenfassend halte ich fest: Trauen Sie sich, spontan zu sein, zu sagen, was Ihnen über die Lippen kommen will, zu tun, was Ihnen in den Fingern juckt, und vertrauen Sie darauf, dass es immer für alle Beteiligten das Richtige ist.

Und jetzt dürfen Sie sich ans Üben machen – auf den folgenden Seiten finden Sie Vorschläge und Anleitungen.

Übungen für mehr Spontaneität im Alltag – Allgemeines

Im Grunde genommen sind wir alle spontan. Zumindest in Gedanken. In Ihnen kommt doch jeweils auch hoch und Sie spüren, was Sie sagen und wie Sie sich verhalten möchten, nicht wahr? Der Unterschied zwischen spontanen und blockierten Menschen liegt einzig darin, dass erstere es ausleben und letztere sich zurückhalten.

Spontaneität lässt sich jedoch üben, wobei das Reden und Handeln am Anfang nicht spontan sein wird, sondern bewusst und willentlich geschieht. Die nachfolgenden beispielhaften Erläuterungen zeigen Ihnen, worauf Sie im Alltag achten sollten und wie Sie «Spontaneität» praktizieren.

Grundsätzlich

- Reden und handeln Sie, ohne sich zu kontrollieren, absolut spontan und ungezwungen, sagen und tun Sie in jeder Situation, was Sie in dem Augenblick möchten, bremsen Sie sich nicht und halten Sie nichts zurück. Haben Sie eine spontane Aktion oder Reaktion zwar gespürt, sie jedoch unterdrückt, sollten Sie diese sofort nachholen, obwohl sie dann nicht mehr wirklich spontan erfolgt.
- Seien Sie dabei achtsam nach innen: Empfinden Sie das Unbehagen der Seele, diese Disharmonie oder Dissonanz, während Sie im Begriff sind, etwas zu sagen oder zu tun, dann halten Sie sofort inne. Spüren Sie hingegen nichts, dürfen Sie davon ausgehen, dass alles in Ordnung ist.
- Seien Sie sich bewusst, dass die Seelenstimme meistens schweigt, denn sie greift ja nur ein, wenn Sie nicht auf dem richtigen Weg sind. Zweifeln Sie deshalb nicht an Ihrer inneren Führung, wenn Sie tage- oder wochenlang nichts «hören», sondern freuen Sie sich darüber, dass Sie offenbar alles richtig machen.
- Wahrscheinlich wird sich die Seelenstimme auch mit Unbehagen melden, wenn Sie eine spontane Reaktion unterdrückt haben, und dies je länger je mehr. Achten Sie darauf und lernen Sie daraus und nehmen Sie sich einfach vor, das nächste Mal spontan zu reagieren!

Konkret

- Schämen Sie sich nicht, Ihre Emotionen auszuleben und zu zeigen, eine Grimasse zu schneiden, auf der Straße zu hüpfen, laut zu lachen oder Ihren Tränen freien Lauf zu lassen.
- Wägen Sie nicht jedes Wort ab, bremsen Sie sich nicht, wenn Ihnen etwas auf der Zungenspitze liegt. Schlucken Sie selbst eine Kritik, einen Vorwurf, aber auch einen Scherz, ein Lob, eine Äußerung der Sympathie oder Anerkennung nicht hinunter.

- Halten Sie einen Impuls, etwas zu tun, nicht zurück, sondern leben Sie ihn aus. Beispiele: jemanden umarmen/berühren, ungewohnt gekleidet aus dem Haus gehen, ein Fest oder eine Veranstaltung vorzeitig verlassen, in einen Streit eingreifen.
- Sprechen Sie einen Unbekannten an, wenn Ihnen etwas auf der Zunge liegt, das Sie ihm sagen möchten; reden Sie generell mit Fremden, im Zug, im Restaurant, auf der Straße, bei einem Anlass, …
- Legen Sie keine falsche Bescheidenheit an den Tag: Erzählen Sie ruhig von einer Aufgabe, die Sie gut bewältigt haben, ohne Überheblichkeit, aber mit gesundem Stolz; wehren Sie Lob und echte Komplimente nicht ab, sondern bedanken Sie sich schlicht dafür.
- Vertuschen Sie aber auch nicht Ihre Schwächen, gemachte Fehler und Peinlichkeiten, stehen Sie mit Selbstverständlichkeit dazu.
- Üben Sie in spezifischen Situationen, wie auf den folgenden Seiten beschrieben, und kreieren Sie eigene Übungen nach Ihren individuellen Bedürfnissen – Sie selbst wissen am besten, in welchen Situationen Ihnen die Spontaneität fehlt.

Hilfreiche Gedanken

- Wenn jemand mich nicht mehr mag, nicht mehr liebt, bloß weil ich es wage, ich selbst zu sein, so habe ich an dieser Person nicht viel verloren. Denn Menschen, die mich nur mögen, weil ich lieb, nett, großzügig, hilfsbereit bin, weil ich ihnen nie widerspreche, mich ihrem Willen füge, sind meiner nicht wert, solche Menschen will ich nicht mehr um mich haben.
- Ich kann es so oder so nicht immer allen recht machen: Also rede und handle ich spontan, wie es für mich – für meine Seele – stimmt und mache es dadurch wenigstens mir selbst recht.
- Ich vertraue darauf, dass die Seelenstimme mich stets zum Richtigen anleitet – selbst wenn es nicht so scheint und Mitmenschen es anders beurteilen. Ich glaube fest daran, dass alles immer so kommt, wie es für alle Beteiligten gut ist.
- Niemand ist fehlerlos. Auch mir kann und darf es passieren, dass ich jemandem wehtue, etwas Dummes sage oder tue und mich dabei der Kritik aussetze. Lieber bin ich aber mutig und mache einmal etwas «falsch», als dass ich mich aus Angst davor zurückhalte.

Auf den folgenden Seiten finden Sie konkrete Übungen zu bestimmten Themenbereichen.

→ Diese Übung und diejenigen auf den folgenden Seiten stammen teilweise aus meinem Buch «Ich liebe mich selbst 2»; Info Seite 99.

Übung 1: Loben und Tadeln

Nicht nur eine berechtigte Kritik auszusprechen, fällt uns oft schwer, da wir immer «Liebkind» sein möchten, sondern – fast unbegreiflich – auch zu loben, obwohl dies bei den Menschen ja gut ankommt.

Also: *Sparen Sie nicht mit Lob und halten Sie Kritik nicht zurück*. Das ist eine überaus nützliche Übung, um die Spontaneität zu fördern und gleichzeitig das Selbstwertgefühl zu stärken. Wenn Sie glauben, beide Aufgaben gleichzeitig, Loben und Tadeln, seien zu viel, so widmen Sie sich zuerst nur der einen und nehmen die andere später dazu oder konzentrieren Sie sich immer nur auf eine, etwa an den geraden Tagen dem Loben, an den ungeraden dem Tadeln.

Konkret ist es ganz einfach: Sagen Sie immer, was Ihnen auf die Zungenspitze kommt, sowohl Anerkennung als auch Kritik, absolut spontan, ohne zu überlegen, ob Sie es sagen dürfen oder wie es beim Gegenüber wohl ankommt, welche Konsequenzen daraus entstehen könnten, ... Am Anfang werden Sie sich zum Loben und zum Tadeln zwingen müssen; auf der gegenüberliegenden Seite finden Sie deshalb einige Anregungen, worauf Sie achten sollten, bis es Ihnen dann später völlig ungezwungen gelingt.

Seien Sie mutig und gehen Sie das Risiko ein, vielleicht auch einmal etwas «Falsches» zu sagen – Sie können sich danach ja dafür entschuldigen, wenn Sie merken, dass Sie zu weit gegangen sind (das ist übrigens auch eine nützliche Übung!). Es ist wichtig, in einer ersten Phase des Übens ein Gespür für das Eingreifen der Seelenstimme zu entwickeln – und das ist nicht möglich, wenn Sie sich vorher schon bremsen und schweigen. Vertrauen Sie darauf, dass Ihre Seele weiß, was gesagt werden darf und muss, was richtig ist für Sie und für andere, und Sie gegebenenfalls rechtzeitig stoppt. Mit der Zeit wird Ihnen «aus der Seele» an Lob und Tadel nur noch ungezwungen über die Lippen kommen, was in der betreffenden Situation tatsächlich angebracht ist, und Sie werden spüren, dass Sie wahrhaftig gesprochen haben unabhängig davon, wie Ihr Gegenüber reagiert.

Loben

• Loben, loben, loben Sie – wann immer sich Ihnen eine Gelegenheit dazu bietet! Lob und Komplimente können Sie nicht oft genug aussprechen.

• Sprechen Sie die Anerkennung konkret aus und auf die aktuelle Leistung oder Eigenschaft bezogen, nicht allgemein, also nicht: «Du bist mutig», sondern: «Wie du deine Kollegin gegen die ungerechte Anschuldigung des Chefs verteidigt hast, war mutig von dir.»

• Schwächen Sie ein Lob nicht ab, etwa durch eine Einschränkung, mit einem «Aber»/«Obwohl» oder einem abwertenden Unterton. Beispiele wie Sie *nicht* loben sollen:

– «Dein Risotto schmeckt sehr gut, *aber ich hätte noch ein bisschen mehr Safran verwendet.*»

– «Wie schön, dass du pünktlich bist. » *(mit ironischem oder sarkastischem Unterton)*

– «Du hast genau die richtigen Worte gefunden, um deine deprimierte Kollegin aufzumuntern, *obwohl du in der Regel nicht so empathisch bist.*»

Tadeln

• Sagen Sie jederzeit, was Sie missbilligen, was Sie verletzt, was Sie nicht akzeptieren wollen. Beachten Sie jedoch die Regeln einer konstruktiven Kommunikation, unter anderem: Kritisieren Sie jemanden nicht im Beisein anderer; ziehen Sie zur Bekräftigung keine fremden Meinungen heran, wie: «Deine Mutter hat auch gesagt, dass …»; klagen Sie nicht an, sondern gehen Sie von sich selbst aus, sagen Sie also nicht: «*Du bist* ungerecht zu mir», vielmehr: «*Ich empfinde* deine Worte/was du gemacht hast als ungerecht.»

• Auch als Untergebener/Kind scheuen Sie sich nicht, Vorgesetzte/Eltern auf Unzulänglichkeiten aufmerksam zu machen oder ihnen mitzuteilen, falls Sie ein Verhalten nicht billigen.

• Schauen Sie Ihrem Gegenüber in die Augen, weichen Sie nicht aus, verharmlosen Sie nicht, schwächen Sie Ihre Aussage nicht ab.

• Fügen Sie jedoch nach einer Kritik immer noch etwas *Aufbauendes* hinzu – ein Quäntchen an Positivem gibt es in allem und jedem. Beispiele:

– «Ich finde es nicht schön, dass du hinter meinem Rücken mit dem Chef gesprochen hast. *Du bist doch sonst ein gradliniger, aufrechter Mensch.*»

– «Diese Arbeit ist missglückt. *Aber ich weiß, dass du jetzt daraus gelernt hast und es dir nicht mehr passieren wird.*»

– «In diesem Text sind noch einige Fehler. *Komm, korrigiere sie selbst, ich weiß, dass du es kannst!*»

Übung 2: Ohne Lüge Leben

Lügen kommen uns einerseits ohne zu überlegen einfach über die Lippen; in diesem Sinn sind sie etwas Spontanes, aber auch eine unnütze, wenn nicht schädliche Gewohnheit, denn sie dienen oft dazu, uns nicht so zu zeigen, wie wir sind. Andererseits lügen wir bewusst, weil wir jemandem nicht wehtun wollen, Notlügen nennen wir sie dann, aber letztlich steckt unsere Angst dahinter, unser Gegenüber könnte böse auf uns werden, uns nicht mehr lieben, uns tadeln, …

Immer wieder und überall wurde das angebliche Ergebnis einer Studie des Psychologen Jerald Jellison, ein Erwachsener lüge rund 200 Mal pro Tag, zitiert. Diese Zahl beruht jedoch auf einer Verwechslung und inzwischen geht man von einer bis zwei echten Lügen pro Tag aus; dazu kommen allerdings noch die «harmlosen» Schummeleien. Wie dem auch sei: Gar nicht zu lügen und zu flunkern fördert das Selbstwertgefühl und die Spontaneität. Versuchen Sie einmal, einen ganzen Tag lang keine einzige Unwahrheit zu äußern. Nehmen Sie es sich gleich am Morgen nach dem Aufwachen vor: «Heute sage ich ausschließlich die Wahrheit.»

Ist es Ihnen dann an einem Tag (einigermaßen) gelungen, erholen Sie sich einige Tage lang von dieser anstrengenden Achtsamkeit und fassen danach wieder den gleichen Vorsatz. Und so fort, bis die Wahrheit Ihnen zur Gewohnheit wird. Konzentrieren Sie sich insbesondere auf Folgendes:

- Achten Sie – außer auf eindeutige Lügen – speziell auf Unter- und Übertreibungen und Beschönigungen; auf Formulierungen, die zu falschen Schlüssen führen sollen/könnten; auf Aussagen, die gewollt unpräzis sind oder Wesentliches verschweigen; auf Lügen, die Ihnen leichtfertig entschlüpfen; auf Notlügen und Schwindeleien.
- Verzichten Sie auf Ausreden; wollen Sie etwa eine Einladung nicht annehmen, sagen Sie «Danke, ich möchte nicht kommen», anstatt vorzugeben, Sie hätten keine Zeit oder eine andere Verpflichtung.
- Wollen Sie eine Frage nicht beantworten, so kommunizieren Sie es klipp und klar; es ist besser zu schweigen als zu lügen.
- Haben Sie eine Unwahrheit geäußert und merken es, berichtigen Sie den Sachverhalt sofort. Scheuen Sie sich nicht zuzugeben: «Was ich soeben gesagt habe, stimmt nicht. Es ist in Wirklichkeit …».

Ich bin hier bewusst nicht auf die Lügen eingegangen, die wir aus Berechnung verwenden, um uns einen Vorteil zu verschaffen, etwas zu erreichen, ein Unrecht zu vertuschen, … Diese Art Lügen erkennen wir ja als etwas Schlechtes, ohne dass die Seelenstimme uns explizit darauf aufmerksam machen müsste, wie ich an anderer Stelle bereits erläutert habe.

Übung 3: «Dumme» Fragen oder Aussagen

Manchmal liegt uns ein Kommentar oder eine Frage auf der Zunge, aber wir schlucken sie hinunter, weil wir Angst haben, uns damit bloßzustellen oder als unwissend, begriffsstutzig, gar dumm wahrgenommen zu werden.

Nicht zu sagen, was uns über die Lippen kommen will, ist eine willkürliche Spontaneitätsbremse und zeugt davon, dass wir der Seelenstimme nicht vertrauen: Sie würde uns ja aufhalten, dürften wir es nicht äußern.

Darum lassen Sie ab sofort alles heraus, was Ihnen auf der Zunge liegt – außer Sie spürten das Unbehagen der Seele. Jedoch nicht das Unbehagen der Angst, wohlverstanden!

Vielleicht versuchen Sie es zuerst nur mit Freunden und Menschen, deren Kritik Sie nicht fürchten, in einem zweiten Schritt dann mit Personen, die Ihnen weniger nahestehen, und schließlich mit Fremden. Oder Sie üben in der umgekehrten Reihenfolge, je nachdem, wessen Urteil Ihnen gleichgültiger ist.

Merken Sie immer sofort an, was Ihnen spontan einfällt, und stellen Sie alle Fragen, die Ihnen auf die Zungenspitze kommen. Beispiele:

- Benutzt jemand ein Fremdwort, das Sie nicht kennen, fragen Sie nach der Bedeutung;
- lassen Sie sich einen Sachverhalt ruhig zwei- und dreimal erklären, wenn Sie ihn nicht verstehen;
- sagt jemand etwas, das Sie für falsch, unwahr, unpräzis halten oder dem Sie nicht zustimmen, teilen Sie Ihre Zweifel, Anmerkungen und Berichtigungen mit, ohne Bedenken zu haben, für besserwisserisch oder, falls Ihre Aussage nicht korrekt sein sollte, für ungebildet oder schlecht informiert zu gelten;
- äußern Sie Ihre Meinung generell immer, wenn Ihnen etwas in den Sinn kommt, das Sie sagen möchten, unabhängig davon, ob Sie *hundertprozentig* sicher sind, dass Ihre Aussage richtig ist.

Am Anfang müssen Sie sich wahrscheinlich dazu zwingen, aber mit der Zeit werden Sie sich dermaßen daran gewöhnen, dass Sie es ohne nachzudenken einfach machen – und umso besser spüren, falls die Seelenstimme sich meldet.

→Zum Unbewussten und den Prägungen siehe Seite 35 ff.

Übung 4: Verhaltensmuster ablegen

Aus dem →Unbewussten stammende Verhaltensmuster, die automatisch, also unwillkürlich und unmittelbar ablaufen, haben nichts mit wahrer Spontaneität zu tun; im Gegenteil hindern sie uns am *echten* spontanen Verhalten, wie es aus der Seele kommt. Nachfolgend einige Beispiele für häufig vorkommende Verhaltensmuster, die vornehmlich auf Ängsten und mangelnder Selbstliebe beruhen:

- Lob, Komplimente abwehren, das eigene Licht unter den Scheffel stellen, Geschenke als «nicht nötig» bezeichnen; auf Fragen nach dem Befinden mit «gut» und einem Lächeln antworten, selbst wenn es nicht zutrifft;
- wenn jemand uns auf einen Fehler/Irrtum hinweist oder ihn uns vorwirft: ihn bestreiten, verharmlosen oder andere dafür verantwortlich machen; sobald etwas nicht so läuft, wie wir es wollten, immer gleich einen Schuldigen suchen und benennen; auf berechtigte Kritik abwehrend, abweisend, eventuell sogar aggressiv reagieren;
- in peinlichen Situationen augenblicklich davon ablenken oder sie zu vertuschen versuchen; wenn wir etwas nicht können/wissen oder etwas Unrichtiges gesagt haben, uns herausreden, Worte verdrehen;
- unsere Meinungen oder Taten unmittelbar begründen und rechtfertigen, selbst wenn wir nicht dazu aufgefordert werden, oder sie relativieren, abschwächen;
- eine Bitte um Hilfe nie abschlagen, immer bereitwillig Ja sagen, obwohl wir es in Wirklichkeit gar nicht möchten; Hilfsangebote vorschnell ablehnen, ohne zu erwägen, ob wir Unterstützung brauchen oder nicht.

Sind Sie ehrlich mit sich, kennen Sie Ihre eigenen Verhaltensmuster selbst am besten. Arbeiten Sie daran, eines davon (vorerst *ein einziges!*) abzulegen. Wählen Sie eines, das Ihnen besonders missfällt und/oder Sie belastet.

Was Sie dabei feststellen werden: Die Erkenntnis und der entsprechende Entschluss allein führen nicht zur gewünschten Änderung. Bevor Sie es richtig merken, verhalten Sie sich jeweils schon wieder in der ungewollten Weise. Die größte Schwierigkeit liegt tatsächlich darin, es *rechtzeitig* wahrzunehmen, also bevor die Musterreaktion einsetzt. Meistens merken Sie es erst im Nachhinein, wenn überhaupt. Es ist nicht leicht, ständig wachsam auf die betreffende Situation zu lauern.

Einfacher ist es, auf der körperlichen Ebene etwas zu spüren. Diese Tatsache machen Sie sich zunutze und programmieren sich nach folgendem Vorgehen:

- Entspannen Sie sich, lassen Sie sich in eine Art meditativen Zustand fallen und gehen Sie in Gedanken eine Situation durch, in der Sie sich nach dem Muster verhalten haben, das Sie loswerden wollen.
- Achten Sie dabei darauf, welche Körperempfindung in diesem Moment auftritt und wo genau im Körper; nehmen Sie sie wahr, gehen Sie bewusst in diese Körperempfindung hinein und prägen Sie sich diese ein.
- Denken Sie sich eine kleine, unauffällige Bewegung aus, die Sie in Zukunft als «Notfallmaßnahme» zum Durchbrechen des Musters einsetzen wollen, beispielsweise die Hände falten, mit dem Zeigefinger das Kinn berühren, einen Fuß vom Boden heben oder eine andere Geste, und merken Sie sie sich.

Geraten Sie nun irgendwann in eine Situation, in der dieses Muster ablaufen will, so spüren Sie die entsprechende Körperempfindung als Warnung; das ist vergleichbar mit dem plötzlichen Aufflackern der Alarmleuchte im Auto, wie Sie es bereits bei dem von der Seelenstimme verursachten Unbehagen kennen. So haben Sie die Chance, rechtzeitig einzugreifen und den Automatismus aufzuhalten.

Bevor Sie etwas sagen oder tun, führen Sie sofort die gewählte kleine Bewegung aus; dadurch versetzen Sie sich auf die bewusste Ebene. Auf dieser besteht, anders als auf der unbewussten des Musters, die Möglichkeit, willentlich über Ihr Verhalten zu entscheiden und nicht dem Automatismus zu unterliegen. Sie handeln daraufhin so, wie Sie es tatsächlich wollen.

Dennoch: Nicht jedes Mal, vor allem nicht bei den ersten Versuchen, werden Sie es früh genug erkennen. Selbst wenn, wird es Ihnen nicht jedes Mal gelingen, die automatische Reaktion zu unterdrücken und sich anders zu verhalten. Darüber dürfen Sie sich nicht ärgern, nicht tadeln, sondern den Vorsatz mit aller Bestimmtheit und Klarheit nochmals fassen: «Beim nächsten Mal versuche ich es erneut!»

Vor allem lassen Sie sich nie entmutigen. Sie können *jedes* Muster beseitigen. Aber wenn Sie bedenken, wie lange Sie es schon unbewusst praktiziert haben, leuchtet es ein, dass ein bisschen Geduld und Durchhaltewillen schon nötig sind, um es wieder loszuwerden. Doch irgendwann haben Sie genug geübt. Oft geschieht das unbemerkt: Erst nach einer Weile, es mögen Wochen oder gar Monate vergangen sein, wird Ihnen plötzlich auffallen, dass Sie sich schon länger nicht mehr auf diese bestimmte Art verhalten haben.

Dieses eine Muster haben Sie erfolgreich abgelegt. Erst jetzt dürfen Sie sich in gleicher Weise dem nächsten widmen.

5. Die Seele befragen

Im gewöhnlichen Alltag sind wir also spontan und halten nur inne, falls sich die Seelenstimme warnend einschaltet. Hin und wieder befinden wir uns aber auch in Situationen, in denen wir zielgerichtet komplexere Entscheidungen treffen oder uns essenzielle Fragen beantworten wollen oder müssen; in diesen Fällen befragen wir die Seele direkt.

→ Detaillierte Anleitung zur Atemmeditation als Methode, die Seele zu befragen, siehe Seite 92 f.

Sie können verschiedene Methoden anwenden; ich stelle Ihnen zuerst zwei vor, bei denen Sie in sich gehen und der Seele lauschen. Dazu müssen Sie das Denken loslassen und zu einer inneren Ruhe kommen, am besten indem Sie Ihren →Atem beobachten, ohne ihn zu beeinflussen. Sie schauen einfach zu, wie die Luft hereinströmt und wieder hinaus. Kommen Gedanken auf, gehen Sie nicht auf sie ein und lassen sie vorbeiziehen. Sobald Sie einigermaßen ruhig sind (das dauert in der Regel wenige Minuten), richten Sie Ihr Bewusstsein auf den Punkt zwischen Ihren Augenbrauen (drittes Auge). Dann gehen Sie nach einer der beiden folgenden Methoden vor, wobei ich Ihnen die erste empfehle. Nur wenn Sie dabei zu keinem Ergebnis gelangen, können Sie anschließend noch die nächste anwenden; prinzipiell ist es aber möglich, die Seele direkt mit der zweiten Methode zu befragen.

Methode 1

→ Lesen Sie vorher am besten nochmals Seite 50 ff. über die Merkmale und Unterscheidungskriterien der Seelenstimme.

Stellen Sie in Gedanken die Frage, auf die Sie eine Antwort suchen, und beobachten Sie, →was in Ihnen geschieht, regungslos, wie unbeteiligt, ohne Anstrengung oder bewusste Hinwendung. In dem Moment kann die Antwort als schnelle, kurze, unmissverständliche Eingebung aufkommen, als ein Wissen, vielleicht auch bildhaft. Ob dies tatsächlich aus der Seele stammt, erkennen Sie daran, dass Sie dabei ganz ruhig sind, nicht aufgewühlt oder erregt, frei von Emotionen und argumentativen Gedanken; möglicherweise spüren Sie auch eine Gewissheit, Sicherheit.

Lassen Sie sich nicht von den Gedanken und Emotionen irritieren, die vielleicht danach aufkommen.

Falls Sie überhaupt nichts wahrnehmen, kann das folgende Gründe haben:

- Sie sind noch nicht genügend geübt, Ihre Seelenstimme zu hören, das heißt, sie ist für Ihre «inneren Ohren» noch zu leise; und/oder
- Ihre Gedanken, Zweifel oder Emotionen haben die aufkommende Antwort der Seele im Keim erstickt; und/oder
- es spielt – von einer höheren Warte aus betrachtet – keine Rolle, wie Sie entscheiden oder handeln, es kommt schon so, wie es kommen muss und gut ist; und/oder
- Sie sollen lernen, Ihre Unsicherheit in Bezug auf wichtige Fragen abzulegen, spontan entscheiden und darauf vertrauen, dass Ihre Seele Sie ohnehin in jedem Augenblick lenkt (und nicht nur, wenn Sie sie direkt befragen).

Hat Ihre Seelenstimme geschwiegen, unabhängig aus welchem der obigen Gründe, können Sie jetzt, ohne darüber nachzudenken, spontan eine Wahl treffen. Falls die Seelenstimme sich nicht meldet, gehen Sie davon aus, dass Ihre Entscheidung richtig ist. Ist die Seele hingegen damit nicht einverstanden und Sie haben folglich noch keine Antwort auf Ihre Frage, können Sie es mit der Methode 2 versuchen. Wenden Sie diese aber keinesfalls zur Überprüfung oder Bestätigung an, wenn Sie bereits mit der vorangehenden Methode erfolgreich waren: Vertrauen Sie stets der *ersten* Mitteilung oder Entscheidung der Seele!

Methode 2

Holen Sie die erste Entscheidungsalternative in Ihre Gedanken (nur eine knappe, nüchterne Vorstellung, falls möglich bildhaft, ohne Wertung und ohne an die Folgen oder anderes zu denken) und nehmen Sie wahr, was das in Ihnen auslöst. Falls keine unangenehme Empfindung aufkommt oder Sie sogar die Sicherheit, Gewissheit spüren, dann ist Ihre Entscheidung für diese Alternative gefallen; hinterfragen Sie sie nicht, beginnen Sie nicht, nachzudenken, prüfen Sie keine weiteren Alternativen.

Spüren Sie hingegen ein leichtes, kurzes Unbehagen, so ist diese Alternative nicht die richtige. In dem Fall gehen Sie mit der zweiten Alternative gleich vor. Nur wenn Sie wieder die Ablehnung Ihrer Seele spüren, prüfen Sie die nächste Wahlmöglichkeit und eventuell weitere.

Beachten Sie, dass die *erste* Alternative, bei der Sie kein Unbehagen empfinden, die richtige ist; verzichten Sie dann unbedingt darauf, weitere Möglichkeiten zu prüfen! Das käme einem «Misstrauensvotum» gleich und Ihre Seelenstimme würde vermutlich schweigen.

Haben Sie bei sämtlichen Alternativen ein Unbehagen gespürt, ist wohl keine die richtige. Sie können dann darüber nachdenken, ob es weitere Möglichkeiten gibt – in einem solchen Fall ist der Kopf tatsächlich sehr nützlich! – und diese der Seele anbieten.

Natürlich kämen als Gründe für die fehlende Antwort der Seele oder Ihre Unsicherheit teilweise auch die gleichen Ursachen in Frage, die ich bei der Methode 1 erläutert habe. Allerdings, lehnt die Seele alle Alternativen ab, dann ist es nach meiner Erfahrung fast immer so, dass (noch) überhaupt keine Entscheidung getroffen werden sollte, entweder weil die Zeit dafür nicht reif ist oder weil in naher oder mittlerer Zukunft etwas eintreten wird, wodurch sich die Entscheidung erübrigt. Mein Motto lautet stets: *Wenn du nicht weißt, was tun, mach/ändere vorerst gar nichts und warte ab.*

Ziehen Sie dieses Motto aber nicht als Ausrede bei, eine nötige, fällige Entscheidung aufzuschieben und zu hoffen, das Leben oder das «Schicksal» werde es dann schon richten! Das funktioniert nicht, die Lebensschule nimmt uns die für uns bestimmten (Entscheidungs-)Aufgaben nicht ab.

Es gibt ferner einige Varianten zu diesen beiden Methoden, man könnte sie auch *Tricks* nennen, wenn es Ihnen einmal schwerfällt, die Gedanken abzustellen und zur Ruhe zu kommen. Sie gründen darauf, dass sich die Seelenstimme spontan meldet, falls Sie eine falsche Entscheidung treffen.

Variante 1

Sie entscheiden sich für diejenige Möglichkeit, die dem Ego am wenigsten passt, beispielsweise weil sie große Mühe mit sich bringt, Ängste auslöst, wenig erfolgversprechend oder den Trieben abträglich ist. Gleichzeitig beobachten Sie Ihre inneren Regungen: Was spüren Sie? Zustimmung, Kraft, Ruhe? Dann handelt es sich um die richtige Wahl.

Sträubt sich die Seele hingegen und zeigt es durch Unbehagen oder Unlust? Dann sollten Sie sich nacheinander für die übrigen Möglichkeiten entscheiden, aber nur bis Sie bei einer kein Unbehagen verspüren.

Achten Sie dabei auch sorgsam darauf, gut zwischen der Seelenstimme und den Stimmen des Ego zu unterscheiden, damit sie nicht bloß den Ängsten, der Bequemlichkeit oder den Trieben auf den Leim gehen.

Variante 2

Sie schreiben jede Möglichkeit auf einen Zettel, falten alle, legen sie in einen Behälter, mischen sie gut durch und ziehen mit geschlossenen Augen einen, nachdem Sie sich mit Bestimmtheit vorgenommen, richtiggehend sich selbst versprochen haben, die Entscheidung anzuerkennen.

Haben Sie einen Zettel gezogen und sehen, was der «Zufall» für Sie gewählt hat, beobachten Sie achtsam, was im gleichen Augenblick in Ihnen vorgeht: Fühlen Sie Ruhe und Sicherheit? Dann ist die gezogene Alternative tatsächlich die richtige.

Oder spüren Sie dieses kurze, kaum merkliche Unbehagen, das Ihnen signalisiert, dass die Seele die Wahl nicht billigt? In diesem Fall sind Sie auch einen Schritt weiter. Dadurch, dass Ihre Seelenstimme gesprochen hat, ist jetzt nämlich eine neue Situation entstanden: Sie wissen, was Ihre Seele nicht will. Daher brauchen Sie die Entscheidung des gezogenen Zettels nicht mehr anzuerkennen. Treffen Sie eine neue Wahl, indem Sie einen oder in der Folge weitere Zettel ziehen, bis die Seelenstimme schweigt und/oder Sie die Sicherheit und Gewissheit der richtigen Entscheidung in sich spüren. Lehnt die Seele sämtliche Möglichkeiten ab, entspricht dies der Situation, die ich bereits unter der Methode 2 beschrieben habe, und Sie können die gleichen Schlüsse daraus ziehen.

Es mag erstaunen, aber diese Variante funktioniert tatsächlich, obwohl Sie zuvor ja schon wissen, dass Sie sich nicht an das Urteil des Zufalls halten müssen! Übrigens, wenn Ihnen lediglich zwei Möglichkeiten zur Verfügung stehen, können Sie die Entscheidung natürlich auch durch das Werfen einer Münze herbeiführen.

Weitere Varianten
Es gibt noch andere Mittel, um sich in komplexen Situationen Klarheit zu verschaffen; diese beruhen darauf, dass Ihre Seele Sie dabei führt und Ihnen genau das zeigt, was Sie im betreffenden Moment brauchen:
- Sie nehmen ohne hinzuschauen ein Buch aus dem Regal, schlagen es auf, tippen blind mit dem Finger auf eine Stelle, lesen den Text und lassen sich davon inspirieren.
- Sie ziehen eine Weisheitskarte aus einem entsprechenden Set; die Tarot- und Orakelkarten sind wohl die bekanntesten, man findet auf dem Markt aber auch solche, die spezifisch für Entscheidungssituationen konzipiert wurden. Denken Sie jedoch daran, dass nicht eine vorgegebene Deutung für Sie persönlich zutrifft, sondern stets nur, was Sie selbst dabei empfinden, was Ihre Seelenstimme dazu sagt.
- Falls Sie mit dem Pendel geübt sind, können Sie die verschiedenen Alternativen auch auspendeln; hier gilt jedoch das Gleiche wie für die Karten, nämlich dass das Pendel Ihnen nichts vorschreiben darf, vielmehr entscheiden Sie ausschließlich aufgrund Ihres eigenen Empfindens.
- Sie machen einen Spaziergang allein in der Natur und interpretieren intuitiv das, was Ihnen begegnet (ein Tier, ein Mensch, ein fallendes Blatt, ein eigenartiger Ausblick, ein weggeworfener Gegenstand, ein Regenbogen, ...) und was Ihnen widerfährt (Sie stolpern, etwas versperrt Ihnen den Weg, Ihr Blutzuckerspiegel fällt ab, ...).

Welche der erwähnten Varianten Sie davon auch anwenden, tun Sie es stets im Bewusstsein, dass es sich um *Hilfsmittel* handelt. Das letzte Wort soll immer Ihre Seele haben. Das heißt: Wie eine durch Hilfsmittel herbeigeführte Wahl auch ausfällt, letztendlich entscheiden *ausschließlich Sie*, je nachdem, was Sie in sich wahrnehmen, was Ihre Seelenstimme Ihnen rät.

Haben Sie eine Entscheidung zu treffen, deren mögliche Alternativen Sie nur undeutlich erkennen, oder stehen Sie an einem Punkt Ihres Lebens, an dem Sie gar nicht weiter wissen, keinen Weg sehen, empfehle ich Ihnen die Imagination auf den Seiten 94/95.

Noch ein Hinweis: Zu treffende wichtige Entscheidungen können uns ganz schön beschäftigen oder belasten. Das muss nicht sein. Sagen Sie sich jeweils, dass keine Entscheidung «fürs Leben» ist, selbst wenn es so aussieht und Sie es gerade so empfinden. Keine Entscheidung kann nicht wieder geändert oder durch eine neue ersetzt werden.

Lassen Sie sich nicht von Mitmenschen verunsichern, die Ihnen einreden wollen, Sie seien wankelmütig, hielten sich nicht an Ihre eigenen Beschlüsse, wüssten wieder einmal nicht, was Sie wollen, und mehr dergleichen. Sie haben das Recht, Ihre Meinung hundert- und tausendmal zu ändern, wenn Sie zu neuen Einsichten gelangen. Es ist doch dumm, an Entscheidungen festzuhalten, die nicht mehr stimmen! Und vertrauen Sie darauf, dass Sie stets von Ihrer Seele geführt werden, ganz unabhängig davon, wofür Sie sich entscheiden, und Ihnen nie etwas geschieht, das am Ende nicht gut für Sie ist.

«Am Ende wird alles gut sein. Und wenn es nicht gut ist, dann ist es noch nicht das Ende», schrieb der brasilianische Schriftsteller Fernando Sabino. So ist es.

Anleitung zur Atemmeditation

Bei der klassischen Meditation geht es darum, innerlich still zu werden, also Gedanken, Gefühle, jede innere Regung loszulassen und dadurch den Weg für höhere Wahrnehmungen zu öffnen. Sie eignet sich selbstverständlich auch, um sich mit der eigenen Seele zu verbinden oder als Vorbereitung auf eine Imagination.

Eine Meditationsmethode besteht darin, den Atem zu beobachten. Nachfolgend erläutere ich einige Details der Technik, damit Sie wissen, worauf Sie besonders achten müssen:

- *Den Atem beobachten.* Es geht darum, sich einzig auf diesen Vorgang zu fokussieren, damit die Gedanken nicht umherschweifen. Sie können den Atem beobachten, indem Sie auf das Heben und Senken des Brustkorbs achten oder darauf, wie die Luft in die Nase ein- und ausströmt.

  Wenn Sie jeweils fertig eingeatmet haben, vergeht automatisch ein winziger Augenblick, bevor Sie ausatmen. Das Gleiche geschieht, wenn Sie fertig ausgeatmet haben, bevor die Luft erneut in die Lunge strömt. In diesem Augenblick ruht jeweils der Atem. Darauf konzentrieren Sie sich besonders. Es entsteht dabei das Gefühl, als verlängere sich dieser Augenblick mit jedem Atemzug; es kann so weit kommen, dass Sie aufschrecken, weil Sie plötzlich denken, Sie würden überhaupt nicht mehr atmen. Diese Schrecksekunde verschwindet mit der Übung, und Sie gelangen immer tiefer in die Versenkung.
- *Das Bewusstsein auf einen bestimmten Punkt richten.* Bei manchen Meditationstechniken ist es die Mitte der Brust (Herz-Chakra); für die Entscheidungsfindung empfehle ich jedoch den Punkt zwischen den Augenbrauen (Ajna-Chakra, auch drittes Auge, geistiges Auge, Auge des Bewusstseins, Auge der Erleuchtung genannt).
- *Gedanken und Empfindungen loslassen.* Wenn Sie schon einmal versucht haben zu meditieren, wissen Sie, wie schnell und hartnäckig Sie durch Gedanken davon abgelenkt werden. Die Meister der Meditation lehren verschiedene Techniken, um damit umzugehen. Eine besteht darin, die Gedanken als ein äußeres Phänomen zu betrachten: Sie gehören nicht zu Ihnen, sondern sind außerhalb. Somit können Sie sie, kaum tauchen sie auf, kurz anschauen und dann vorbeiziehen lassen, wie Wolken am Himmel, und wieder zur Konzentration auf den Atem zurückkehren.

  Empfinden Sie die Gedanken hingegen als Teil von sich, in sich drinnen, so weisen Sie sie ruhig und bestimmt aus sich hinaus; Sie können sich kurz bildlich vorstellen, wie sie aus Ihnen hinausfliegen und sich in der Ferne verlieren.

Ablauf der Atemmeditation als Methode zur Entscheidungsfindung

- Ich setze mich bequem hin, mit geradem Rücken, auf einen Stuhl oder, wenn ich es gewohnt bin und es mir nicht unangenehm ist, auf den Boden auf ein (Meditations-)Kissen. Es ist nicht nötig, den klassischen Yoga-Sitz einzunehmen, viel wichtiger ist es, dass ich nicht durch unbequemes oder schmerzhaftes Sitzen von der Übung abgelenkt werde.
- Ich schließe die Augen und werde innerlich still, indem ich mich auf den Atem konzentriere, ohne seinen Rhythmus zu beeinflussen: Ich beobachte einfach, wie ich einatme, wie ich ausatme, und nehme vor allem diesen kurzen Augenblick zwischen Einatmen und Ausatmen beziehungsweise zwischen Ausatmen und Einatmen wahr, in welchem der Atem «stillsteht», alles ruht.

  Aufkommende Gedanken vertreibe ich nicht gewaltsam, sondern wende mich von ihnen ab und kehre zur Beobachtung meines Atems zurück. Bei dieser Übung verbleibe ich, bis ich innerlich ruhig bin und die Gedanken einigermaßen schweigen.
- Dann bringe ich mein Bewusstsein an die Stelle zwischen meinen Augenbrauen und verharre dort, während ich ruhig und gleichmäßig atme, ohne mich jedoch darauf zu konzentrieren.
- Ich stelle die Frage, auf die ich eine Antwort suche, oder hole die erste Wahlmöglichkeit vor mein geistiges Auge, am besten bildhaft, ohne zu denken und ohne zu werten. Achtsam nehme ich meine Empfindungen wahr oder schaue auf die Bilder, die ich vor meinem geistigen Auge sehe, und lasse sie auf mich wirken, ohne sie festzuhalten und ohne zu werten, nehme dabei aber Einsichten und Erkenntnisse bewusst in mich auf. Aufkommende fremde Gedanken vertreibe ich nicht gewaltsam, sondern lasse sie außerhalb von mir vorbeiziehen oder weise sie ruhig und bestimmt aus mir hinaus, und bringe mein Bewusstsein immer wieder zu meinem inneren Auge zurück.
- Falls nötig, hole ich weitere Wahlmöglichkeiten vor mein geistiges Auge oder stelle ergänzende Fragen; dabei gehe ich gleich vor wie beim ersten Mal.
- In dieser Übung verbleibe ich, solange mir wohl dabei ist. Habe ich die Antwort gefunden oder beginnt die Konzentration nachzulassen, so fühle ich mich wohl und geborgen, genieße den Frieden und die Ruhe in mir. Dann atme ich tief in den Bauch, öffne die Augen, verharre noch eine Weile regungslos, schaue um mich, spüre meinen Körper und bewege mich langsam.

Anleitung zur Imagination

Die Imaginationstechnik wurde von C. G. Jung in die Psychotherapie eingeführt und ist Bestandteil verschiedener, meist tiefenpsychologisch ausgerichteter Therapieformen. Imaginationen, zu denen beispielsweise auch das autogene Training gehört, stellen eine Verbindung zwischen Bewusstsein und Unbewusstem her.

Diese Technik kann auch genutzt werden, um mit der Seele in Kontakt zu kommen; in diesem Fall ist es entscheidend, was wir dabei *empfinden*, was die Seelenstimme uns sagt, und weniger die aufkommenden Bilder als solche.

Zuerst stellen wir uns die Situation ganz bewusst vor, beginnen vor dem geistigen Auge eine vorgegebene Geschichte und lassen ihr dann in einer meditativen Ruhe freien Lauf, sodass mehr und mehr Bilder, Einblicke, Empfindungen auftauchen. Sie können uns helfen, neue Erkenntnisse zu gewinnen, Blockaden zu lösen und angestrebte Selbstveränderungen positiv zu erfahren und zu fördern.

- Lesen Sie die Anleitung zur Imagination zuerst ganz durch und prägen Sie sich den Grundablauf und die wesentlichen Punkte ein.
- Setzen Sie sich in achtsamer, aufrechter Haltung bequem hin, auf einen Stuhl oder am Boden auf ein Kissen, sodass Ihnen wohl ist und nichts wehtut.
- Schließen Sie die Augen. Spüren Sie die Ruhe im Raum und in sich. Atmen Sie einige Male tief in den Bauch oder →beobachten Sie eine Zeit lang Ihren Atem, um zur inneren Ruhe zu kommen.
- Machen Sie sich Ihre Bereitschaft bewusst, sich auf eine innere Erfahrung einzulassen, und freuen Sie sich darauf, Neues zu erkennen.
- Versetzen Sie sich gedanklich, vor allem aber bildhaft, vor Ihrem geistigen Auge in die Situation der Imagination. Daraufhin folgen Sie den Bildern, die aus Ihrem Innern aufsteigen; blocken Sie diese nicht ab, beobachten und erleben Sie …
- Lassen Sie sich ruhig vom Ablauf Ihrer eigenen Geschichte leiten, generell und besonders dann, wenn Sie sich nicht mehr an alle Einzelheiten erinnern, die Sie sich vorher eingeprägt haben.
- Beginnen die Bilder zu verblassen oder nehmen fremde Gedanken überhand, kommen Sie in die Realität und Gegenwart zurück. Lassen Sie sich dabei Zeit, spüren Sie mit offenen oder geschlossenen Augen nach. Achten Sie darauf, auch Ihren Körper wieder zu empfinden, nehmen Sie bewusst Beine und Arme, den Kontakt mit der Unterlage wahr und bewegen Sie sich sanft, bevor Sie aufstehen.

→ Detaillierte Anleitung zur Atemmeditation siehe Seite 92 f.

Ablauf der Imagination zum Finden des eigenen Weges

- Ich stehe auf einem Weg, den ich gehen soll, es ist ein Abschnitt meines Lebenswegs. Langsam wandere ich den Weg entlang, schaue mich um und nehme wahr, was ringsherum ist. Die Umgebung stelle ich mir so vor, wie ich sie mag, einen Wald, Berge, Blumenwiesen, einen See oder Fluss, den Strand am Meer, ein friedliches Dorf, …
- Ich komme an eine Weggabelung oder -kreuzung, wo ein Wegweiser für eine einzige Richtung steht, und er ist unbeschrieben. Ich bleibe davor stehen und schaue ihn an, ruhig, entspannt. Da erscheint eine Schrift (ein Wort, ein Satz) oder ein Bild auf ihm, ich spüre und entscheide, ob ich dem Weg in diese Richtung folgen will; andernfalls wähle ich intuitiv eine andere Richtung, ohne zu wissen, wohin sie führt, und folge ihr.

Vielleicht ist die Angabe auf diesem ersten Wegweiser für Sie schon ein Aha-Erlebnis, eine «Erleuchtung», und Sie haben die Antwort auf Ihr Problem, den richtigen Weg in Ihrer Situation gefunden. Dann können Sie mit dem letzten Punkt dieser Anleitung fortfahren und die Imagination beenden.

- Ich gehe weiter und lasse mich auf das ein, was auf mich zukommt, und handle dabei, wie ich es spüre.

Hier lassen Sie der Imagination freien Lauf, ohne zu denken und den Ablauf bewusst zu beeinflussen. Vielleicht sind die Erlebnisse auf diesem Wegabschnitt die «Erleuchtung» und Sie haben die gesuchten Antworten gefunden. Dann können Sie mit dem letzten Punkt dieser Anleitung fortfahren und die Imagination beenden.

- Später treffe ich erneut auf einen unbeschriebenen Wegweiser und wieder schaue ich ihn an und lasse eine Schrift oder ein Bild erscheinen, um dann zu spüren und zu entscheiden, ob ich der angezeigten oder einer anderen Richtung folgen will.

In dieser Weise können Sie fortfahren, solange Ihnen danach ist.

- Habe ich von meiner Wanderung genug, setze ich mich auf die nächste Bank, entspanne mich, fühle mich wohl und geborgen, genieße Frieden und Zuversicht in mir. Wenn ich mag, lasse ich alle Erfahrungen, die ich auf dem Weg gemacht habe, nochmals Revue passieren und nehme die Erkenntnisse in mich auf. Ich darf aber auch alle Erlebnisse loslassen, falls es mir lieber ist.

Dann atme ich tief in den Bauch, öffne die Augen, verharre noch eine Weile regungslos, schaue um mich, spüre meinen Körper und bewege mich langsam.

Schlusswort

Sie haben Ihre Seelenstimme entdeckt, und ich bin zuversichtlich, dass Sie diese inzwischen gut von den Stimmen von Kopf, Bauch, Herz und Unbewusstem, deren Stärken und Schwächen Sie ebenfalls kennengelernt haben, unterscheiden können. Ob und inwieweit Sie Ihrer Seelenstimme nach der Lektüre dieses Buches vertrauen, bleibt natürlich Ihrem Urteil überlassen.

Ich selbst vertraue ihr seit Jahrzehnten absolut und bin immer nur gut damit gefahren, aber jedes Mal schlecht, wenn ich nicht auf sie gehört habe. Manche schmerzliche Erfahrung hätte ich mir ersparen können, wäre ich nicht auf das Ego hereingefallen!

Die Seelenstimme ist meine Freundin, meine Vertraute, mein unfehlbarer Wegweiser – aber immer im Stillen. Und diesen Rat möchte ich Ihnen noch mit auf den Weg geben: Es ist wunderbar, wenn Sie auf Ihre Seelenstimme hören, sich von ihr führen lassen, doch bewahren Sie es als kleines Geheimnis. Sie sollten Ihre Entscheidungen und Taten nie bei anderen Menschen damit begründen und rechtfertigen, Ihre Seelenstimme hätte Ihnen dazu geraten oder sie stillschweigend gebilligt.

Zum Schluss noch eine Geschichte des großen Sufi Rumi; in ähnlicher Weise wird sie auch im Judentum erzählt, und Paulo Coelho hat sie als Grundlage für seinen Roman «Der Alchemist» verwendet.

Die Stimme

Ein Mann lebte am Stadtrand von Bagdad in einer zerfallenen Hütte, denn er hatte sein geerbtes Vermögen in kurzer Zeit durchgebracht und war nun arm und bedürftig. Er bat Gott, ihm nochmals eine Chance zu geben. Eines Nachts forderte ihn eine Stimme auf, in eine bestimmte Stadt Ägyptens zu reisen, um einen Schatz zu finden.

Nach einer beschwerlichen, langen Reise kam er zerlumpt und entkräftet dort an, seit Tagen hatte er nichts mehr gegessen. Es blieb ihm nichts anderes übrig als zu betteln, doch er beschloss, die Nacht abzuwarten, weil er sich sehr schämte. Wie er in der Dunkelheit durch die Straßen zog, wurde er von einem Nachtwächter aufgegriffen, der ihn für einen Dieb hielt.

Der arme Mann flehte ihn an, ihn nicht zu verhaften, und erzählte ihm, was ihn in diese fremde Stadt geführt hatte. Der Wächter lachte ihn aus: «Gut, du bist kein Dieb, ich glaube dir. Aber dumm bist du! Wie kannst du nur an solche Stimmen glauben? Mir ist einmal etwas Ähnliches geschehen: Eine Stimme riet mir, nach Bagdad zu reisen, wo ich in einem zerfallenen Haus am westlichen Stadtrand viel Gold finden würde. Die Stimme beschrieb mir alles genau: Das Haus sei von einer Dornenhecke umzäunt, an der grünen Tür fehlten zwei Bretter und im Inneren befinde sich links vom Eingang eine Feuerstelle, die durch fünf Steinblöcke vom übrigen Raum abgegrenzt sei. Unter dem mittleren Block solle ich graben, dort würde ich das Gold entdecken. Natürlich habe ich das nicht getan, ich gehorche doch nicht solchen Stimmen!»

Der Mann aus Bagdad erkannte in der Beschreibung die armselige Hütte, in der er gelebt hatte, und machte sich auf den Weg zurück in seine Heimat. Zu Hause angekommen, grub er an der angegebenen Stelle und fand tatsächlich eine Kiste voller Gold.

Er dankte der Stimme, die ihn auf den beschwerlichen Weg von Bagdad nach Ägypten geschickt hatte.

Leseproben aus allen Büchern des nada Verlags und weitere Infos:
www.nada-verlag.ch

Websites von Karin Jundt:
www.selbstliebe.ch
www.karma-yoga.ch

Reihe «Wegweiser» des nada Verlags

Bei allen Büchern dieser Reihe handelt es sich um Selbsthilfe-Ratgeber, die jeweils wie ein Kurs mit Aufgaben und Übungen aufgebaut sind.

Karin Jundt: Ich liebe mich selbst und mache mich glücklich
Softcover, 140 Seiten, ISBN 978-3-907091-04-3
Selbstliebe und Selbstwertgefühl sind unerlässlich für ein erfülltes, selbstbestimmtes, glückliches Leben. Die Autorin entwickelte auf der Basis ihrer Erfahrungen eine Methode zum Aufbau und zur Stärkung dieser wertvollen Eigenschaften und lehrte sie viele Jahre lang in Kursen und Seminaren.

Karin Jundt: Ich liebe mich selbst 2
Softcover, 156 Seiten, ISBN 978-3-907091-06-7
Von der Autorin als Fortsetzung und Ergänzung ihres ersten Ratgebers zur Selbstliebe konzipiert, befasst sich jedes der 26 kurzen Kapitel mit einer Verhaltensweise, die auf einer schwachen Selbstliebe beruht, und schlägt eine auf den gewöhnlichen Alltag ausgerichtete Übung vor, um diese Verhaltensweise zu verändern.

Karin Jundt: Liebe ist kein Deal
Softcover, 184 Seiten, ISBN 978-3-907091-16-6
Der Liebesdeal ist das in Paarbeziehungen am häufigsten gelebte Modell. Es beruht auf dem Prinzip eines ausgewogenen Gebens und Nehmens mit einem fairen Verhältnis zwischen Rechten und Pflichten. Wonach wir uns in Wahrheit aber sehnen, ist die bedingungslose, vorbehaltlose Liebe, ohne Forderungen und Erwartungen.
Das Buch zeigt den Weg zur selbstlosen Liebe und ist ein Ratgeber, um eine Partnerschaft friedlicher und bereichernder zu gestalten oder bestehende Probleme zu bewältigen.

Karin Jundt: Karma Yoga – Auf dem sonnigen Weg durch das Leben
Softcover, 140 Seiten, ISBN 978-3-907091-03-6
Der Karma Yoga, eine jahrtausendealte Lehre aus Indien, ist im Westen kaum bekannt. Obwohl es sich im Ursprung um einen spirituellen Weg handelt, kann man ihn – unabhängig von der eigenen religiösen und philosophischen Ausrichtung – zur wohltuenden Veränderung der inneren Haltungen praktizieren. Seine Erkenntnisse lassen sich leicht in das normale Leben einbauen und machen den Alltag selbst zum Übungsplatz, ohne dass man sich gesondert Zeit nehmen muss für spezielle Praktiken wie Meditation oder Körperübungen. Den Grundsätzen des Karma Yoga zu folgen, führt zu einem Dasein mit weniger Ängsten und Sorgen und mehr Zuversicht und Mut.

Spirituelle Reihe «Sonnwandeln» des nada Verlags

«Sonnwandeln» ist ein von Karin Jundt erdachter Begriff mit der doppelten Bedeutung von «auf dem sonnigen Lebensweg wandeln» und «sich zu einem sonnigen Gemüt wandeln». Die Reihe umfasst fünf Bände, die aufeinander aufbauen.
Das Konzept ist einzigartig in seiner Ganzheitlichkeit und dem Alltagsbezug. Jedes Kapitel weist die gleiche Struktur auf: «Einführende Gedanken» bietet eine Einleitung in das Thema und wirft Fragen auf, die in den weiteren Rubriken «Vertiefende Aspekte» und «Fragen & Antworten» konkret und alltagsbezogen behandelt werden. Zu jedem Thema gibt es eine Aufgabe für die innere Entwicklung, ergänzt durch Vorschläge für Affirmationen, eine Imagination oder Meditation und unterstützende Heilsteine und Bach-Blüten.
Wie es für die Autorin charakteristisch ist, behandelt sie alle Themen mit einem klaren Bezug zum gewöhnlichen Alltag und gibt konkrete Anregungen.

Karin Jundt: Der Sinn des Lebens und die Lebensschule
(Sonnwandeln Band I), Softcover, 220 Seiten, ISBN 978-3-907091-05-0
Kap. 1: Der Sinn des Lebens und unsere Lebensaufgabe
Kap. 2: Lebensphasen und Lebenskrisen
Kap. 3: Zufall und Schicksal
Kap. 4: Freier Wille oder Vorbestimmung?
Kap. 5: Wille und Wollen
Kap. 6: Unsere Seelenstimme

Karin Jundt: Alltägliches Handeln im spirituellen Geist
(Sonnwandeln Band II), Softcover, 256 Seiten, ISBN 978-3-907091-07-4
Kap. 1: Viele Ängste, eine Angst: Ausweg Urvertrauen
Kap. 2: Die Macht der Gewohnheit
Kap. 3: Sieben Sünden, sieben Tugenden
Kap. 4: Du sollst nicht lügen!
Kap. 5: Ethik und Moral – Normen, Regeln, Konventionen
Kap. 6: Versuchung, Achtsamkeit und Selbstkontrolle

Karin Jundt: Über allem die Liebe
(Sonnwandeln Band III), Softcover, 236 Seiten, ISBN 978-3-907091-13-5
Kap. 1: Liebe deinen Nächsten wie dich selbst.
Kap. 2: Nächstenliebe – doch das oberste Gebot?
Kap. 3: Muss ich Vater und Mutter unbedingt ehren?
Kap. 4: Liebe ist kein Deal.
Kap. 5: Scheiden tut weh! Trennung und Tod
Kap. 6: Einsamkeit und Alleinsein

Karin Jundt: Unsere innere Welt
(Sonnwandeln Band IV), Softcover, 240 Seiten, ISBN 978-3-907091-14-2
Kap. 1: Mein Ego, dein Ego
Kap. 2: Denken und Fühlen
Kap. 3: Wünsche und Begehren
Kap. 4: Anhaftung und Loslassen
Kap. 5: Woher nehme ich die Kraft?
Kap. 6: Krank oder heil

Karin Jundt: Das spirituelle Leben
(Sonnwandeln Band V), Softcover, 216 Seiten, ISBN 978-3-907091-15-9
Kap. 1: Absolute Hingabe oder Freizeitspiritualität?
Kap. 2: Was gehört zu mir und was ist fremd?
Kap. 3: Heilige Schriften: nicht nur für Schriftgelehrte
Kap. 4: Inneres und äußeres Leben
Kap. 5: Und wo bleibt die Erleuchtung?

Belletristik im nada Verlag

Manfred Kyber: Der Königsgaukler
Hardcover, 72 Seiten, ISBN 978-3-907091-08-1
Ein zeitloses spirituelles Märchen über den Lebensweg eines jeden Menschen zu seinem höheren Selbst, ein Märchen, das Mut macht, Hoffnung schenkt und Trost spendet. Diese neue Ausgabe entspricht dem Originaltext der Erstpublikation aus dem Jahr 1921, berücksichtigt jedoch die neue deutsche Rechtschreibung.
Das Büchlein ist liebevoll und edel gestaltet, um diesem Juwel der spirituellen Literatur gerecht zu werden, und eignet sich auch hervorragend als Geschenk.

Gianna Duschletta, Karin Jundt: Baderledas und Einsichten
Zweisprachig Deutsch/Rätoromanisch (Puter)
Softcover, 152 Seiten, ISBN 978-3-907091-17-3
In dieser Sammlung von Anekdoten und kurzen Geschichten plaudern die Autorinnen über ihre Erinnerungen, Erfahrungen, Beobachtungen und Gedanken. Jeder Text ist zweisprachig Deutsch und Rätoromanisch (Puter).
In quista collecziun dad anecdotas ed istorgias cuortas baderlan las auturas da lur algordanzas, experienzas, observaziuns ed impissamaints. Mincha text es biling rumauntsch (puter) e tudas-ch.

Karin Jundt: Jonathan von der Insel
Softcover, 160 Seiten, ISBN 978-3-907091-09-8
E-Book: ISBN 978-3-907091-11-1
Der Fischer Jonathan macht einen außergewöhnlichen Fang: einen bunten, sprechenden Fisch, der Wünsche erfüllt – allerdings anders, als man es erwartet. Beim jungen Mann löst er den Prozess der bewussten inneren Entwicklung aus. Auch Jonathans Freundin Serena begegnet dem Fisch, und er weist ihr den Weg aus einer schwierigen, leidvollen Zeit. Beim Dorftrottel Beppi scheint der Fisch sogar Wunder zu wirken.

Karin Jundt: Der Wanderer im dunklen Gewand
Softcover, 164 Seiten, ISBN 978-3-907091-10-4
E-Book: ISBN 978-3-907091-12-8
Er erwacht eines Nachts unter dem Sternenhimmel, weiß nicht, wer er ist, woher er kommt, wohin er gehen soll, und macht sich auf den Weg. In dieses Leben hineingestellt, sucht der Wanderer seinen Weg, lernt durch Erfahrungen und Erkenntnisse – und wundert sich über die immer zahlreicheren goldenen Flecken an seinen dunklen Kleidern.